Rosengärten

Thomas Drexel

Rosengärten

Anlage und Gestaltung
Geeignete Sorten, Pflege und Schnitt

Bassermann

ISBN 978-3-8094-2251-8

Umschlaggestaltung:
Atelier Versen, Bad Aibling
Illustrationen:
Svetlana Safranow, Augsburg
Redaktion für diese Ausgabe:
Herta Winkler
Bildredaktion für diese Ausgabe:
Elisabeth Franz
Herstellung für diese Ausgabe:
Sonja Storz
Satz und Gestaltung:
Hartmut Czauderna, München
Satz für diese Ausgabe:
Filmsatz Schröter, München
Reproduktionen:
Kaltner Media, Bobingen

Druck und Bindung:
Mohn media Mohndruck, Gütersloh

Printed in Germany

817 2635 4453 6271

Bildnachweis: *Country Garden*: Seite 5 oben, 19, 42 beide, 44, 46, 48, 50, 52, 54, 58, 61; *Thomas Drexel*: Seite 1, 2/3, 5 unten, 6 beide, 7 beide, 9, 10, 11, 12, 13 beide, 14, 15, 16, 17, 18 beide, 21 beide, 22, 23, 25 alle, 26 alle, 28, 29, 30, 31, 32, 33, 34, 35, 36 beide, 37, 38 beide, 39 beide, 40, 41, 60, 63, 64 beide, 66 beide, 67 alle, 68 alle, 69 alle, 70 beide, 71 beide, 72 beide, 73 alle, 74 alle, 75 alle, 76 beide, 77 alle, 78 alle, 79 beide, 80 oben und unten rechts, 81 beide, 82 beide, 83 rechts und links, 84 alle, 85 beide, 86 beide, 87 Mitte und rechts, 88 Mitte und rechts, 89 alle, 90 alle, 91 oben, 92 alle, 93 alle, 94 alle, 95 beide, 96 alle, 97 alle, 98 alle, 99 alle, 100 alle, 101 alle, 102 alle, 103 alle, 104 alle, 105 alle, 106 alle, 107 links, 108 Mitte und links, 110 beide, 111, 113 oben, 114 beide, 115 beide, 116 beide, 117, 118, 119 beide, 120, 121 beide, 122, 123 beide, 125 beide, 126, 129, 130, 131, 132 beide, 133, 134, 135; *Frank Hecker*: Seite 112, 124, 127; *Rosen Kordes*: Seite 43, 80 unten links, 83 Mitte, 87 links, 88 links, 91 unten, 107 Mitte und rechts, 108 rechts, 109 alle; *Wolfgang Redeleit*: Seite 128; *Hans Reinhard*: 8 beide, 113 unten

Erläuterungen der Piktogramme

- winterhart
- Winterschutz erforderlich
- immergrün
- sommergrün
- rauchhart
- blattzierend
- fruchtzierend
- Blütezeit
- Bienenweide
- Vasenschmuck
- Standort Halbschatten
- Standort Schatten
- Standort Sonne
- Bodendecker
- Kletterpflanze
- Wuchshöhe
- pflegeintensiv
- pflegeleicht
- viel gießen
- normal gießen
- wenig gießen
- für Anfänger
- für Spezialisten
- regelmäßiger Schnitt erforderlich
- Giftpflanze

Inhalt

Vorwort: Ihre Majestät, die Rose

Manches Mal erscheint nichts schwieriger, als aus der nahezu unüberschaubaren Menge wunderschöner Rosen einige passende Sorten auszuwählen, richtig einzusetzen, mit den besten Partnern zu kombinieren und diese Schönheit auch über Jahre hinweg zu erhalten. Dieses Buch bietet dem Leser sowohl Gestaltungsvorschläge als auch das praktische Rüstzeug für die Verwirklichung des persönlichen eigenen Rosenparadieses. Von der Planung, den Farbgesetzen, der Auswahl der geeigneten Sorten, der Pflanzung und Pflege bis hin zu Schnittmaßnahmen und der Bekämpfung von Krankheiten kommen alle wichtigen Aspekte der Gartentheorie und -praxis zur Sprache:

- Welche Grundregeln sollten bei der Planung des eigenen Rosengartens beachtet werden?
- Welche Blütenfarben harmonieren, wie erziele ich die schönste Wirkung?
- Welche Einjährigen, Stauden und Gehölze sind die besten Rosenpartner?
- Wie setze ich Rosen richtig ein, wie mache ich den Garten zum wohl durchdachten Blütenmeer?
- An welchem Standort gedeiht die Rose optimal, wie kann ich ihr beste Bedingungen bieten?
- Wie bekomme ich in Rosenbeet und Rabatte einen überzeugenden Aufbau und eine faszinierende Gesamtwirkung?
- Wie erstelle ich eine Gartenplanung, wie zeichne ich einen Pflanzplan?
- Wie pflanze ich Rosen, wann ist der beste Zeitpunkt?
- Wie stelle ich gute, speziell für Rosen geeignete Gartenerde selbst her?

Rechts oben: Die rosafarbenen, becherförmigen Blüten der Englischen Rose 'Hero' besitzen eine wundervoll romantische Ausstrahlung.

Rechts: Faszinierendes Farbenspiel: Die von der Kartoffelrose abstammende 'Pink Robusta' bringt unermüdlich neue Blüten hervor, die vor ihrem dunkel glänzenden Laub besonders gut zur Geltung kommen.

Links: Die Englische Rose 'L. D. Braithwaite' fasziniert durch das dunkle Karminrot ihrer Blüte und ihren unwiderstehlichen Duft.

Unten: Die lachsrot blühende, stark duftende Edelrose 'Lady Rose' bringt zahlreiche Blüten hervor. Sie eignet sich bestens für den Schnitt und auch für die Herstellung von Potpourris.

- Wie erhalte ich die Rosen gesund, wie versorge ich sie mit den lebenswichtigen Nährstoffen?
- Wie beuge ich Rosenschädlingen und -krankheiten mit biologischen Mitteln vor, wie bekomme ich sie in den Griff, wie siedle ich Nützlinge in meinem Garten an?

Als wichtige Hilfestellung bei der Anlage des eigenen Rosenparadieses enthält dieser Band zehn Gestaltungsvorschläge für Rosengärten, die leicht nachgeplant und nachgepflanzt werden können. Zu jedem Beispiel gehört eine farbige Zeichnung, die schon einmal einen Vorgeschmack auf das spätere Gartenerlebnis liefert. Aus all diesen Vorschlägen kann dann der persönliche Lieblings-Rosengarten ausgewählt werden. Natürlich können Sie auch aus den verschiedenen Plänen einige Elemente zu ihrem individuellen Traumgarten kombinieren!

Um dem Leser eine breite und zuverlässige Auswahl schönster Rosenschätze zu bieten, wurde der Beschreibung der Rosensorten besonders viel Raum gegeben. 125 empfehlenswerte Rosensorten werden in Wort und Bild detailliert beschrieben. Anhand der übersichtlich geordneten Angaben erfährt der Gartenfreund schnell und präzise Farbe, Größe und Beschaffenheit der Blüte, Wuchseigenschaften und Wuchshöhe sowie viele andere wissenswerte Charakteristika. Zahlreiche hervorragende Porträtfotos lassen keinen Zweifel über die tatsächliche Blütenfarbe aufkommen. Darüber hinaus schafft ein Porträtteil mit den besten Partner-Gehölzen der Rose die Grundlage für die optimale Zusammenstellung in Beet und Rabatte.

Im Anhang sind neben dem Literaturverzeichnis schließlich eine Aufstellung wichtiger Bezugsadressen und Tabellen mit wichtigen Rosen-Partnern zu finden.

Links: Prächtiger Pflanzenwuchs als Lohn für gekonnte Pflege und Vorbereitung.

Rechts: Wohlüberlegte Planung und gekonnte Pflanzenkombinationen überlassen nichts dem Zufall – das Resultat ist überzeugend.

Wissenswertes über die Rose

Theorie und Praxis der Königin der Blumen

Was manchem Gartenfreund zunächst so schwierig erscheint, wird nach der Lektüre dieses Kapitels gewiss leichter fallen – einen reizvollen Rosengarten zu planen, anzulegen und seine Schönheit lange zu bewahren. Informationen zu Geschichte und Vielfalt der Rosen geben einen ersten Einblick in die historische Bedeutung der Rose. Eine Einführung in die Geheimnisse der Gestaltung und Farbkombination bietet unverzichtbares Grundlagenwissen zur Anlage von Rosengärten. Genaue Anleitungen zur Pflanzenauswahl geben Sicherheit beim Kauf, bei der Wahl des richtigen Standortes, bei der Bodenvorbereitung und -verbesserung und nicht zuletzt bei der fachgerechten Pflanzung in Beet und Gefäßen. Hinweise zur Erhaltung der Rosenpracht wie richtiges Gießen, Hacken, Mulchen, guter Winterschutz und vor allem der fachgerechte Schnitt runden die praktischen Grundlagen ab. Darüber hinaus werden Rosenveredlung und -züchtung, der richtige Umgang mit Schnittrosen, Rosenarrangements und Speisen aus Rosen behandelt.

Geschichte, Sorten und Besonderheiten

Die Rose – seit Alters her spinnen sich um sie Mythen und Märchen wie etwa 'Dornröschen' und 'Schneeweißchen und Rosenrot', sie verführt zu Träumen von perfekter Schönheit und höchster Reinheit, sie versinnbildlicht ästhetische Vollkommenheit und Anmut.

Die Rose in der Antike

Die ursprünglichen Heimatregionen der Rose befinden sich in China, in Zentralasien (Persien) und im Gebiet des ehemaligen Mesopotamien. In diesen Schwerpunktregionen wurden Rosen kultiviert und gezüchtet. Es wird vermutet, dass Rosen aus Persien über Kleinasien nach Griechenland gelangt sind.
Die berühmte griechische Dichterin Sappho bezeichnete die Rose als „Königin der Blumen" – ein deutlicher Beleg dafür, dass die Rose schon in vorchristlicher Zeit eine Sonderstellung unter den Blütenpflanzen einnahm. Bereits in der Antike waren Rosen als Gartenschmuck, aber auch zur Herstellung pflegender Essenzen weit verbreitet. Griechische Aufzeichnungen aus der Zeit um 600 v. Chr. berichten unter anderem von der Herstellung kostbarer Duftöle aus Rosenblüten. Herodot erzählt etwa 150 Jahre später von einer wunderbar duftenden, gefüllten Rose mit 60 Blütenblättern im Garten des Midas. In der großen Pflanzenabhandlung von Theophrast aus der Zeit um 300 v. Chr. ist ein Hinweis auf Rosen mit mehr als 100 Petalen zu finden (Kronblätter der Blüte). Die Rose ist auch als Symbol auf Münzen aus Rhodos zu sehen.
Bei den Römern, welche die Kultur der Rosen von den Griechen übernommen hatten, wurden Rosen im Winter aus Nordafrika importiert und sogar unter Glas kultiviert, um ihre Schönheit auch in dieser kalten Jahreszeit genießen zu können – ein Umstand, der von Seneca allerdings als Pervertierung der Natur kritisiert wurde. Dem großen römischen Philosophen galt demnach die Rose als perfekte Verkörperung der Natur, die auf keinen Fall durch künstliche Kultivierungsmaßnahmen beeinträchtigt werden sollte. Auch in der Bibel wird die Rose erwähnt – in Gestalt der wilden Apfel- oder Weinrose (*Rosa rubiginosa*), die heute zum Standardsortiment jeder Baumschule gehört.

Die Rose als Klostergarten- und Heilpflanze

Nach der römischen Antike war die Rose in unseren Gärten nicht immer so weit verbreitet wie heute. Eine Art Neubeginn der Rosenkultur vollzog sich in den Klostergärten des Hochmittelalters, in denen auch viele alte Rosen kultiviert wurden, die zum großen Teil schon den Römern bekannt waren. Die in Klostergärten und später in Bauerngärten kultivierten und in gewissem Rahmen weiter gezüchteten Arten und Sorten wurden meist nicht nur

Links: Die selbst schon klassische Strauchrose 'Rose De Resht' hat den intensiven Duft vieler historischer Rosen geerbt.

Rechts: Eine der berühmtesten Historischen Rosen überhaupt ist die zierliche, zart rosafarbene 'Souvenir de la Malmaison'.

wegen ihrer Schönheit, sondern auch zur Gewinnung von Nahrung (Hagebutten) und Ölen gepflanzt.

Der europäische Rosenschatz um 1700

Klassische, damals in Europa seit vielen Hundert Jahren bekannte Alte Rosen waren neben der Apfelrose (*Rosa rubiginosa*) und der Hundsrose (*Rosa canina*), auch die Weiße Rose (*Rosa alba*), und die Ölrose (*Rosa alba* 'Suaveolens'), sowie die Apothekerrose (*Rosa gallica* 'Officinalis'). In der Zeit um 1700 waren drei Hauptarten besonders bekannt und verbreitet: die *Gallica*-Rosen, die mit der Rückkehr der Kreuzfahrer nach Mitteleuropa gelangte Damaszener-Rosen und die *Alba*-Rosen. Alle drei Gruppen zeichneten sich durch guten Duft und ihre nur einmalige Blüte aus. In dieser Zeit traten die Zentifolien und die Moosrosen – am bekanntesten die Sorte *Rosa centicolia* 'Muscosa' – hinzu.

Neue Einflüsse durch Forschung, Reisen und Entdeckungen

Im Zeitalter der Aufklärung kam es neben der Bewahrung oder Rekultivierung Alter Rosen insbesondere durch Forschungs- und Handelsreisen zur Einfuhr vieler bisher in Europa unbekannter und nicht kultivierter Rosen aus Asien. Auch viele Wildrosen, die heute zum Teil als schon lange heimisch angesehen werden, wurden erst mit dem Beginn des 19. Jahrhunderts nach Europa eingeführt – beispielsweise *Rosa rugosa*, *Rosa multiflora* und *Rosa foetida*. Die Verbreitung der Moschatarosen ist Importen aus Asien zu verdanken. Durch die Einkreuzung der neuen Rosenarten und Sorten erhielt die Rosenzüchtung viele neue Impulse. Die so entstandenen neuen Sorten wiesen teilweise bisher nicht gekannte Merkmale und Eigenschaften auf. So verlieh *Rosa rugosa* den aus ihr entstandenen Züchtungen ihre sprichwörtliche Robustheit und ihre Widerstandsfähigkeit gegen Krankheiten, *Rosa multiflora* gab ihre Stachellosigkeit und ihre Neigung zur Bildung langer, dünner Triebe weiter und *Rosa foetida* 'Persiana' ('Persian Yellow') bereicherte die Rosenwelt um die gelbe Farbe (siehe unten).

Die Revolution der Teehybriden

Am bedeutungsvollsten und geradezu bahnbrechend für die weitere Entwicklung der Rosenzucht sollte sich eine Anfrage erweisen, die um 1750 an die chinesische Fa-Tee-Pflanzenschule bei Kanton gerichtet wurde. Die von dort importierten so genannten Chinarosen besaßen Eigenschaften, die sie von allen bisher in Europa bekannten Rosen unterschieden und ihren künftigen Erfolg erklärten. Vor allem anderen entzückten diese Rosen durch die Eigenschaft des Öfterblühens; an jedem neuen Trieb entwickelten sich noch im gleichen Jahr neue Blüten, und dies bis in den Herbst hinein! Weitere wertvolle Kennzeichen waren ihre schillernden Farbtöne und ihr intensiver Duft. Zudem wiesen die Chinarosen glänzende, glatte und teils hübsch gefärbte Blätter auf, was sie von den meist stumpfgrünen Blättern der bekannten Rosen abhob. Diese neu eingeführten Rosen wurden als 'nach Tee duftende Chinarosen' bezeichnet – vielleicht eine volkstümliche Ableitung des Herkunftsnamens –, woraus sich letztlich der Artname Teehybriden entwickeln sollte. Durch Einkreuzung der Teehybriden entstanden nun neue Rosengruppen – in Italien die Portlandrosen, in South Carolina/USA die Noisetterosen und auf der französischen Insel La Réunion die Bourbonrosen.

Die Farbe Gelb hält Einzug in die Rosenzüchtung

Bis Mitte des 19. Jahrhunderts waren die sogenannten 'Schwefelrosen' (*Rosa x hemisphaerica*) die einzigen in Europa bekannten gelben Rosen, die aber für die Züchtung wenig attraktive Eigenschaften besaßen. Mit der Einführung der legendären, heute noch immer in Rosen- und Baumschulen erhältlichen gelben Rose 'Persian Yellow' hielt eine neue Farbdimension Einzug in die Rosenzüchtung. Diese Rose wurde wohl damals schon seit langem in Persien kultiviert. Der berühmte französische Züchter Joseph Pernet-Ducher zog aus der 'Persian Yellow' und einer Hybrid-Remontantrose eine heute ebenfalls berühmte gelbe Teehybride, die den Namen 'Soleil d'Or' erhielt. Die Markteinführung erfolgte im Jahr 1900. Heute gibt es eine Fülle gelb blühender Rosen, insbesondere Edelrosen.

Gruppen, Sorten und Varietäten: Die Einteilung der Rosen

Die gebräuchlichste Einteilung der Rosen, wie sie in der Regel auch in der Rosen- oder Baumschule zu finden ist, richtet sich nach der Wuchshöhe und den Wuchseigenschaften. Danach werden in der Regel folgende Gruppen unterschieden:

- Beetrosen: Hierunter werden meistens Polyantha- und Floribunda-Rosen zusammengefasst. Während Polyantha-Rosen sich durch ihre Vielzahl von Einzelblüten auszeichnen, besitzen Floribunda-Rosen meist weniger, dafür aber größere Einzelblüten. Die Wuchshöhe von Beetrosen variiert zwischen 50 und 150 cm. Die Bezeichnung Beetrosen bezieht sich unter anderem darauf, dass sie zu mehreren im Beet – durchaus auch zusammen mit Stauden und Strauchrosen – am besten zur Wirkung kommen. Beetrosen bedürfen eines regelmäßigen Rückschnittes, um ihre Blüte bestmöglich zur Geltung bringen zu können.
- Edelrosen: Bei Edelrosen richtete sich das Augenmerk des Züchters vornehmlich auf die Größe und die Form der Einzelblüte; sie haben in der Regel straff aufrecht wachsende Blütentriebe und werden bis etwa 1,20 cm hoch. Auch hier ist ein regelmäßiger Rückschnitt vonnöten.
- Strauchrosen: Sie wachsen im Durchschnitt höher als Beetrosen und Edelrosen. Sie bedürfen meist keines alljährlichen Rückschnittes, sondern können teils zu Sträuchern von bis zu 2,5 m Höhe und fast ebensolcher Breite heranwachsen. Es werden einmal blühende und öfter oder dauerblühende Strauchrosen unterschieden. Zu den Einmalblühenden zählen auch die meisten sogenannten Historischen Rosen, die oft auch als Alte Rosen bezeichnet werden. In der Regel fallen darunter Rosen, die bis um 1900 gezüchtet wurden oder entstanden sind.
- Englische Rosen: Etwa seit 1980 hat sich mit dem Begriff Englische Rosen, die fast immer auf die Züchtung von David Austin zurückgehen, eine neue Gruppe von Rosen etabliert, die öfter blühen und reizvolle, an Historische Rosen erinnernde Blüten sowie guten Duft mitbringen. In der Regel eher niedrig wachsend, weisen die Englischen Rosen teils eher die Kennzeichen und Pflegeansprüche von Beetrosen, teils die von Strauchrosen auf.

Links unten: Obgleich einer Edelrose sehr ähnlich, wird die legendäre 'Queen Elizabeth' zu den großblumigen Floribunda-Rosen und damit zu den Beetrosen gezählt.

Rechts: Die gelbe 'Graham Thomas' ist eine Vertreterin der sogenannten Englischen Rosen, die Vorteile der Historischen und der modernen Rosen vereinen.

Unten: Wildrosen, hier ein wundervolles Exemplar von *Rosa rugosa*, bringen nach der Blüte zahlreiche hübsche Hagebutten hervor.

- Wildrosen: Wildrosen werden im Durchschnitt noch deutlich höher als Strauchrosen (bis 3,5 m Höhe und Breite) und blühen meist nur einmal. Eine Ausnahme bildet hier die Kartoffelrose, *Rosa rugosa*, die neben den reifenden Hagebutten über Monate hinweg immer neue Blüten hervorbringt. Zu den hervorstechendsten Eigenschaften der Wildrosen zählen ihre Robustheit und ihre geringen Ansprüche an Standort und Bodenverhältnisse.
- Kletterrosen: Hierunter fallen Rosen, die mit ihren langen Trieben Rankgerüste, Hauswände oder Pergolen bewachsen können. Rosen bis etwa 4 m Höhe werden dabei auch als Climbing-Rosen bezeichnet. In Abgrenzung dazu sind Rambler-Rosen besonders starkwüchsige Kletterrosen, deren Triebe bis zu 10 m Höhe bzw. Länge erreichen können. Sie sind für die Kronen kleinerer Bäume, große Pergolen und hohe Hausfassaden prädestiniert.
- Bodendeckerrosen: Die Triebe dieser Rosen sind meist recht lang und am Boden ausgebreitet; sie sind zur Bepflanzung von größeren Flächen etwa in Parks oder an Straßenböschungen konzipiert. Die Wuchshöhe der Bodendeckerrosen reicht von 30 bis 40 cm bis zu knapp 1 m.
- Zwergrosen: Diese sehr kleinen und schwachwüchsigen Rosen sind speziell für die Verwendung in Töpfen und auf kleinen Terrassen und Balkonen gedacht. Im Zimmer sind sie erfahrungsgemäß besonders anfällig für Krankheiten, wie z. B. Echter Mehltau, und auch sehr kurzlebig. Auf Balkon oder Terrasse sollten sie nach der Blüte sofort zurückgeschnitten werden, um die Blütenneubildung und die Blattgesundheit

zu fördern. Am schönsten wirken Zwergrosen als kleinkronige Stämmchen.

Die Rose und ihre familiären Beziehungen

Botanisch gesehen, ist es nicht einfach, die Familienbeziehungen und die Abstammung der Rose zu verfolgen. Hinter der Gattung *Rosa*, die zur Familie der Rosengewächse (*Rosaceae*) gezählt wird, verbergen sich eine große Zahl (wohl zwischen 120 und 150) Rosenarten, die allerdings oft nicht eindeutig voneinander abgegrenzt werden können. Abweichungen von der eigentlichen Art sind eher die Regel als die Ausnahme. Treten solche Abweichungen regelmäßig auf, so spricht man von Varietäten oder Abarten. Die Rosenarten kreuzen sich in vielen Fällen untereinander; die hieraus entstandenen Nachkommen werden als Hybriden (oder Hybridarten) bezeichnet. Entstehen solche Kreuzungen aus Züchtungsanstrengungen des Menschen, so werden die Nachkommen als Kulturvarietäten bezeichnet. Da die Abgrenzung von Abarten, Hybriden und Kulturvarietäten in der Praxis aber nahezu unmöglich ist, wird für alle drei der (nicht ganz exakte) Sammelbegriff Varietät verwendet.
Die Arten der Gattung *Rosa* werden aufgrund gemeinsamer Merkmale in die den bereits aufgeführten Gruppen wie z.B. Damascener-Rosen oder Gallica-Rosen zusammengefasst, deren Analyse wiederum Aufschlüsse über die Abstammung geben kann.

Die Namen der Rosen

Die heutigen botanischen Namen der Rosen sind in der Mehrzahl keineswegs, wie man vielleicht annehmen könnte, das Ergebnis Jahrtausende alter Überlieferung; vielmehr wurde die botanische Nomenklatur erst um 1800 maßgeblich von dem schwedischen Naturforscher Carl von Linné vereinheitlicht. Die seither mit gewissen Veränderungen gebräuchlichen Namen stimmen oft nicht mit den vorher oder gar zur Zeit der Römer verwendeten Namen überein. Manchmal sind sie nicht eindeutig zuordnen, weil die Überlieferung zum Teil schon seit langem abgerissen ist.

Die Fantasie der Natur

Im Normalfall entstehen neue Rosensorten durch Züchtung. Es kommt aber durchaus auch immer wieder zu natürlichen Mutationen der Erbanlagen; eine solche Mutation wird in der Fachsprache als 'Sport' bezeichnet. Einige besonders interessante Rosen sind auf diese Weise entstanden. So handelt es sich bei der wunderschön karminrot-rosa-weiß gestreiften *Rosa gallica* 'Versicolor' um eine Mutation der Apothekerrose (*Rosa gallica* 'Officinalis'). Wie meist in solchen Fällen, unterscheiden sich hier nicht nur Farbe und Zeichnung der Blüten, sondern auch Blütengröße und Wuchshöhe. Ein weiterer berühmter 'Sport' ist 'Marguerite Hilling', die von der nicht minder berühmten 'Nevada' abstammt. Die Blütenfarbe von 'Marguerite Hilling' ist rosa anstatt weiß, die Blüten sind etwas kleiner und der Wuchs ist weniger breitbuschig und kompakter.

Rechts: Eine gelungene Laune der Natur: Die selbst im Halbschatten überreich blühende 'Marguerite Hilling'.

Mit durchdachter Planung zum Blütentraum

Das Spiel der Farben

Bevor es an die konkrete Gartenplanung und an die Auswahl der Pflanzen geht, sollte das Zusammenwirken der verschiedenen Pflanzen genau durchdacht sein. Allen gestalterischen Überlegungen voran steht die Harmonie der Blütenfarben. Zunächst bedarf es des Wissens um die Farbwirkung. Farbharmonie und Farbkontraste lassen sich sehr gut anhand eines einfachen Farbenkreises vergegenwärtigen. Die drei Grundfarben Rot, Gelb und Blau werden auch als Primärfarben bezeichnet, weil aus ihnen jede beliebige andere Farbe gemischt werden kann. Legt man ein imaginäres Dreieck über den Farbenkreis, so stehen sich diese Primärfarben in den Ecken gegenüber. Sie bilden starke Gegensätze, da sie keine gemeinsamen Farbanteile aufweisen. Am besten legt man sich einen Farbkreis und eine Dreiecksschablone zurecht, bevor man mit der Pflanzplanung beginnt.
In der Praxis entsteht eine Farbe aus dem Farbton, wie er im Farbkreis erscheint (der „vollen Farbe"), der Helligkeit (dem Lichtreflexionsvermögen) und der Sättigung (Reinheit). Anteile von Weiß oder Grau verringern den Sättigungsgrad; es entsteht ein Pastellton.

Links: Der aus dem Beet herausragende blaue Rittersporn bildet die farblich perfekte Ergänzung zu den rosafarbenen und roten Farbtönen der Rosen.

Die Farbwirkung: komplementäre oder harmonische Farben?

Zwei sogenannte komplementäre Farben stehen sich auf dem Farbenkreis genau gegenüber, das heißt, sie bilden einen starken Kontrast (z. B. Gelb und Violett, Orange und Blau, Rot und Grün). Dennoch können Kombinationen komplementärer Farbtöne im Garten hervorragende Wirkungen erzielen. Eine der besten Kombinationen ist die gemeinsame Pflanzung von violettblauen Stauden wie Salbei oder Lavendel und gelben Rosen. Auf dem Farbenkreis benachbarte Farben gehen demgegenüber in der Wirkung ineinander über und werden deshalb als harmonisch empfunden. Als gute Komposition gelten etwa dunkelrote Rosen und Salbei oder Perovskien in hell- bis dunkelblauviolett. Jedoch gelingt das Zusammenspiel benachbarter Farbtöne nicht zwangsläufig; denn ihre Verknüpfung birgt manches Mal auch die Gefahr der Spannungslosigkeit oder gar Langeweile. Dies kann etwa bei einem gleichförmig gestalteten Beet mit ausschließlich gelben und apricotfarbenen Rosen passieren.
Auf jeden Fall vermieden werden sollte die Kombination von Farben, die sich im Eindruck eher beißen als miteinander zu harmonieren; besonders abzuraten ist etwa davon, tiefe Rosa-Töne mit Gelb zu verbinden. Solche Mischungen wie aus der Bonbontüte sind zu grell, um Tiefe haben zu können.

Zurückhaltende Farben, überzeugende Wirkung: Pastelltöne und monochrome Kombinationen

Eine stets sehr schöne Wirkung wird durch die Zusammenstellung von verschiedenen abgetönten Farben erzielt (z. B. ein rosa überhauchtes Weiß und helles Blauviolett, Cremeweiß und Hellrosa). Eine Steigerung

Links: Zurückhaltend stimmig: Die Strauchrose 'Schneewittchen' wirkt vor dem graublauen Hintergrund besonders edel.

der Farbwirkung ist durch sogenannte monochrome Kombinationen zu erreichen, bei denen alle Pflanzen den gleichen Farbton besitzen. Wohl am berühmtesten sind die monochromen Gartenanlagen von Hidcote Manor, Munstead Wood und Sissinghurst Castle. Gertrude Jekyll und Vita Sackville-West richteten in den von ihnen geplanten Gärten stets besonderes Augenmerk auf die faszinierende Wirkung einfarbiger Kompositionen.

Die Sinnlichkeit der Farben

Der Garten sollte immer auch ein Erlebnis für die Sinne sein. Vor der Auswahl der Farben gilt es deshalb, auch die damit jeweils verbundenen psychologischen Wirkungen und die dadurch hervorgerufenen Stimmungen zu berücksichtigen. Dies gilt besonders dann, wenn großflächige monochrome Farbteppiche entstehen sollen. So wirkt Blau eher kühl und beruhigend, Gelb warm und heiter, Rot anregend. Weiß verbindet die beruhigende mit der belebenden Wirkung. Natürlich kommt es auch hier auf die Farbnuancierung an, denn ein Cremeweiß wirkt immer wärmer als ein hartes Weiß.

Auf das Umfeld kommt es an

Die Wirkung der Farben hängt nicht nur von den Blüten- beziehungsweise Farbpartnern, sondern auch vom gepflanzten und gestalteten Umfeld ab. Dieselbe Farbe kann je nach farblichem Kontext sehr unterschiedlich erscheinen. So wirkt etwa eine hellrote Rose vor einer dunkelgrünen Eibenhecke ganz anders als vor einer roten Backsteinmauer. Allgemein eignen sich ruhige, grüne Flächen – die nicht nur durch Hecken, sondern auch durch begrünte Fassaden geschaffen werden können – ideal als Hintergrund für farblich und gestalterisch lebhafte und vielfältige Arrangements.

Die schönsten Sträucher und Halbsträucher als Rosenpartner

Bartblume (*Caryopteris* x *clandonensis* 'Heavenly Blue'), Blüte blau, September bis Oktober

Gewürzsalbei (*Salvia officinalis*), Blüte meist hellblau bis violett, Mai bis Juli

Lavendel (*Lavandula angustifolia* und Sorten), Blüte blau, Juni bis Oktober

Perovskie (*Perovskia abrotanoides*), Blüte hellblau bis violett, August bis September

Schmetterlingsflieder (*Buddleia* x *davidii*), Blüte blauviolett, lavendelfarben, rosa oder weiß; Spätsommer und Herbst

Schwarzer Holunder (*Sambucus nigra*), Blüte cremefarben, Juni; besonders für Wildrosen, Früchte besonders für dunkelrote, öfter blühende Rosen

Die schönsten Stauden und Einjährigen als Rosenpartner

Stauden und Einjährige bilden wegen des langen Blütezeitraumes und der zahlreich vorhandenen Kombinationsmöglichkeiten eine schier unerschöpfliche Quelle für gelungene Arrangements mit Rosen. Die besten Blütenpartner sind:

Aster (vor allem *Aster ericoides*, *Aster novae-angliae*, *Aster novi-belgii*, *Aster pringlei*), Blüte weiß, rosa, blau, violett; August bis November

Astilbe, Blüte weiß, rosa, fliederfarben, rot; Juni bis August

Baldrian (*Valeriana officinalis*), Blüte rosaweiß, Juni bis August

Chrysantheme (*Chrysanthemum*), Blüte weiß, rosa, rot; August bis Oktober

Dreimasterblume (*Tradescantia x andersoniana*), Blüte blau, Juni bis Juli

Eisenhut (*Aconitum x arendsii* und *Aconitum x napellus*), Blüte dunkelblau bis violett, August/September bis Oktober

Feinstrahl (*Erigeron*), Blüte weiß, rosa, rot, violettblau; Juni bis Juli und August bis Oktober

Frauenmantel (*Alchemilla mollis*), Blüte grünlich gelb, Juni bis Juli/August

Geißbart (*Aruncus dioicus*), Blüte weiß, Juni

Glockenblume (*Campanula*), Blüte weiß, rosa, blau, violett; Mai bis September

Katzenminze (vor allem *Nepeta x faassenii*), Blüte hellblau bis violett, Mai/Juni bis Oktober

Rittersporn (*Delphinium*), Blüte meist blau oder weiß, Juni bis Juli und September

Salbei/Blütensalbei (vor allem *Salvia nemorosa*, *Salvia sclaerea*), Blüte blauviolett, weiß, rosa, Juni bis Juli und August bis September

Sterndolde (*Astrantia major*), Blüte rosaweiß, Mai/Juni bis Juli

Stockrose/Malve (*Malva alcea*, in Sorten), Blüte weiß, rosa, rot, gelb; Juni bis September

Storchschnabel (vor allem *Geranium endressii* und *Geranium* x *magnificum*), Blüte rosa bis blauviolett, Juni bis Juli

Harmonie mit dem richtigen Blütenpartner

Eine nahe liegende Möglichkeit für den Rosenliebhaber ist es, verschiedene Rosensorten zu kombinieren. Zur Erleichterung der Zusammenstellung sind im Porträtteil dieses Bandes Blütenfarbe und Blütenzeitpunkt bei jeder Sorte genau angegeben. Darüber hinaus eignen sich zahlreiche Sträucher, Stauden und Einjährige als Pflanzpartner für die Rose und eröffnen somit vielfältige Gestaltungsmöglichkeiten.

Optimale Wirkung durch Kenntnis des Blütezeitpunktes

Soll die Gestaltung des eigenen Rosengartens nicht dem Zufalls-

Rechts: Lavendel ist ein klassischer und nach wie vor sehr beliebter Rosenpartner.

Links: *Rosa hugonis*, die Chinesische Goldrose, blüht extrem früh und ist damit die erste Wahl für den „ungeduldigen" Rosenfreund.

Unten: *Rosa canina* ist eine seit der Antike bekannte, recht früh blühende Wildrose.

Gegenüberliegende Seite: Planen mit Durchblicken und Blickfängen: Hier rahmt ein von der Kletterrose 'Veilchenblau' überwachsener Rankbogen eine steinerne Büste.

prinzip folgen, ist das Wissen um die Blütezeiten der einzelnen Rosensorten von größter Bedeutung. Dies spielt vor allem bei der Kombination von Rosen mit Blütenpartnern – seien es andere Rosen, Gehölze, Stauden oder Einjährige – eine wichtige Rolle. Besonders zu berücksichtigen ist, dass die meisten Wildrosen und Historischen Rosen nur einmal im Jahr blühen und zum Teil nur für kurze Zeit, so dass eine sehr genaue Abstimmung der Blütenpartner erforderlich ist. Bei modernen, öfter oder dauerblühenden Beet-, Edel-, Strauch- und Kletterrosen tritt die Bedeutung der Blütezeit etwas in den Hintergrund. Will sich der Gartenplaner nicht so tief in die Materie der Blütezeitpunktes einarbeiten, aber dennoch romantisch aussehende, duftende Blüten genießen, sind die öfter blühenden Englischen Rosen eine gute Alternative zu den Historischen Rosen. Wildrosen sind trotz ihrer oft sehr kurzen Blüte für den Rosengarten immer ein Gewinn, weil sie zusätzlich durch ihre Hagebuttenfrüchte schmücken. Daher lassen sich Wildrosen sehr gut mit spät blühenden Stauden, wie etwa Herbstastern (*Aster amellus*, *Aster ericoides*) und Eisenhut (*Aconitum x arendsii*) kombinieren.

Die schönsten früh blühenden Rosen

Der wahre Rosenliebhaber kann es in der Regel kaum erwarten, bis die Rosen im Frühjahr endlich ihre Blüten öffnen. Selbst die meisten dauerblühenden Sorten blühen in der Regel nicht vor Ende Juni. Zur Auswahl stehen aber einige sehr früh blühende Rosen:

'Christine Wright' (rosa, ab Juni)
'Lichtkönigin Lucia' (gelb, ab Juni)
Rosa alba 'Suaveolens' (weiß, Mai/ Juni)
Rosa canina (rosa, Juni)
Rosa hugonis (gelbe Blüten, im Mai)
Rosa foetida 'Bicolor' (gelb-rot, Mai/ Juni)
Rosa foetida persiana ('Persian Yellow') (gelb, Juni)
Rosa rubiginosa (rosa, Juni)
Rosa spinosisima (weiß, Mai/Juni)
Rosa spinosisima 'Frühlingsgold' (gelb, Mai)
Rosa spinosisima 'Maigold' (gelb, Mai)

Die Farbenpracht der Hagebutten

Nicht nur die Blüten, sondern auch die Früchte der Rosen bereichern jeden Garten um reizvolle Farbakzente. Die hübschen roten Hagebutten harmonieren mit den weißen und violettblauen Farbtönen der Herbstaster und dem tiefen Blau des Eisenhut, leuchten zusammen mit dem roten Herbstlaub von Spindelstrauch und Hartriegel, verleihen aber auch dem Grau und Braun der verwelkenden Stauden einen besonderen Reiz. Sie behalten ihre Leuchtkraft zum Teil bis Weihnachten und dienen zudem vielen heimischen Singvögeln als Nahrungs- und Vitaminquelle. Besonders die oftmals häufig nur einmal blühenden Strauchrosen haben mit den Hagebutten nach der Blüte ihren zweiten großen Auftritt. Insbesondere bei Wildrosen entwickeln sich aus den Blüten zahlreiche orange bis rote Hagebutten, die ganz unterschiedliche Größen und Formen aufweisen. Die Früchte von *Rosa rugosa* sind groß und dick, die von *Rosa rubiginosa* schmal-länglich und flaschenförmig, während aus den zahlreichen kleinen weißen Blüten von *Rosa multiflora* viele rote Kügelchen entstehen.
Viele wunderschöne, dauerhaft blühende Rosen bilden nach dem Verschwinden des Blütenflors keine Früchte, sie werden nahezu ausschließlich wegen ihrer Form, Farbe und ihrem Duft gepflanzt.

Gartenerlebnis mit Duftrosen

Der Gestalter eines Rosengartens sollte neben den Erwägungen der Blütenfarbe, und Blütendauer, der Höhenstaffelung und der Standortansprüche nicht die sinnliche Ausstrahlung vergessen: Um das Gartenerlebnis mit Rosen zu vervollkommnen, sollten zumindest einige Duftrosen in jede Gartenplanung aufgenommen werden. Während der Duft für eine weit hinten im Garten platzierte Rose keine allzu große Rolle spielt, verschönern köstliche Gerüche den Aufenthalt auf Terrassen und Sitzplätzen doch beträchtlich. Dies wurde in allen Planungsvorschlägen dieses Bandes berücksichtigt; ein Beispiel für einen ausgesprochenen Duft-Rosengarten und weitere Ausführungen zum Thema Duftrosen bietet das Beispiel auf Seite 42–43.

Ideen umsetzen: Den Rosengarten planen und zeichnen

Um den eigenen Rosengarten mit System angehen zu können, sollte man zunächst einen Grundstücksplan beschaffen oder das Grundstück neu vermessen. Im Plan sind die Außenwände des Hauses, die Grundstücksgrenzen und der gesamte Bestand an Mauern und anderen Abgrenzungen, versiegelten oder gepflasterten Flächen, vorhandenen Gehölzen und Beetflächen

zu berücksichtigen. Es empfiehlt sich, von diesem Bestandsplan einige Kopien anzufertigen, um verschiedene Planungsvarianten festhalten zu können.
Als Abbildungsmaßstab sollte man mindestens 1:50 wählen, damit alle Details problemlos einzutragen und abzulesen sind. Der Einsatz verschiedener Farben erleichtert zusätzlich den Überblick (etwa schwarz für den gesamten Bestand, Grün für neue Pflanzen, Rot für Mauern, Einfassungen und Pflasterflächen, blaue Schraffierungen für Wasserflächen). Bei der Auswahl der Farbtöne ist darauf zu achten, dass Linien auch in der Schwarzweiß-Kopie noch deutlich zu erkennen sind. Beschriftungen werden möglichst außerhalb der Darstellung am Blattrand oder in einer separaten Legende eingetragen, in der mit Hilfe von fortlaufenden Nummern auf die Planinhalte und die vorgesehenen Pflanzen verwiesen werden kann. Die Nummerierung ist besonders bei den kleinflächigen Staudenpflanzungen hilfreich, denn hier geht bei unvollständiger Beschriftung leicht die Übersicht verloren.
Mauern oder andere komplizierte Gestaltungselemente sollten immer zusätzlich in der Ansicht und im Schnitt gezeichnet und mit Maßen versehen werden, um bei der Ausführung keine Fehler zu machen. Auch der Verlauf von Wegen ist so genau wie möglich festzuhalten. Für Treppen ist eine Detailzeichnung unverzichtbar.

Rosengärten planen und zeichnen – Schritt für Schritt

1. Anregungen sammeln – im Botanischen Garten, beim Besuch in der gut sortierten Rosen- und Baumschule, auf Reisen und Ausflügen, bei der Lektüre von Gartenbüchern … – und diese schriftlich festhalten.
2. Eine 'Wunschliste' aufsetzen – welche Rosen und Pflanzenkombinationen haben es uns angetan, was wollen wir unbedingt haben?
3. Welchen Gartentyp und welchen Gartenstil wollen wir gerne verwirklichen (z. B. Sitzplatz mit Duftrosen, Schaugarten mit historischen Rosenschönheiten etc.)?
4. Konkretisierungsphase: Welcher unserer Vorstellungen können wir unter den gegebenen Standortbedingungen (Boden, Sonnenschein, Temperatur, Luftfeuchtigkeit) und bei den vorhandenen Platzverhältnissen in die Tat umsetzen?
5. Plan des Grundstückes beschaffen oder/und vorhandenen Bestand neu vermessen.
6. Farbschlüssel festlegen, am besten jeweils eine Farbe a) für bestehende und b) für geplante Bauteile, Wege, Pflasterflächen, Becken und andere feststehende Teile sowie für vorhandene Pflanzen, c) für geplante Pflanzen sowie d) (bei großem Maßstab) für weitere Informationen (z. B. Wasserflächen).
7. Alle Maße (am besten auf Millimeterpapier) übertragen, dabei bislang nicht im Plan verzeichnete Informationen (z. B. Terrassenflächen, Wege, Lage von Gullydeckeln etc.) eintragen; Plangrundlage mehrmals kopieren (mindestens auf das Format DIN A3).
8. Gewünschte Rosensorten und weitere Pflanzen, Beeteinfassungen, Wege, Pflasterflächen etc. eintragen, gegebenenfalls farblich anlegen.
9. Bei Unsicherheit über die Auswahl der Rosen oder andere Pflanzen (z. B. in Bezug auf Blütenfarbe, Blütezeit, Standortansprüche) den Porträtteil dieses Buches, weiterführende Literatur (siehe Verzeichnis S. 140) oder die Rosen-/Baumschule des Vertrauens zu Rate ziehen.
10. Aus verschiedenen Entwürfen endgültigen Pflanzplan erstellen, anhand dessen die Beete und Wege angelegt und die Pflanzen verteilt werden.

Tipps für den Pflanzenkauf

Rosen- und Baumschulen bieten in der Regel die Garantie für Rosen mit guter Qualität – insbesondere wenn sie dem Bund Deutscher Baumschulen (BdB) angeschlossen sind. Rosenschulen, aber auch größere Baumschulen ziehen viele Sorten selbst heran und veredeln die Unterlagen auf dem Feld. Ein weiteres wichtiges Argument für den Einkauf in Rosen- oder Baumschulen ist neben der Qualität der Ware auch die größtenteils vorhandene hohe Fachkompetenz des Verkaufspersonals; sie ermöglicht eine eingehende Beratung des Kunden und hilft Fehlentscheidungen zu vermeiden. In Baumschulen hat der Kunde außerdem den Vorteil, dass er nahezu alle anderen Gehölze, die als Pflanzpartner für Rosen in Betracht kommen, vor Ort auswählen und erwerben kann. Manche Betriebe bieten sogar zusätzlich ein breites Staudensortiment. Schließlich können oftmals angeschlossene Garten- und Landschaftsbauabteilungen zu umfangreicheren und komplizierteren Aufgaben, wie etwa Grabungs- und Verlegearbeiten, herangezogen werden.

Gütebestimmungen und Wuchseigenschaften

Dem BdB angeschlossene Baumschulen haben sich verpflichtet, die Gütebestimmungen des Verbandes einzuhalten. Danach müssen alle in den Handel gebrachten Gehölze, so auch die Rosen, sortenecht, fehlerfrei, gut bewurzelt und gesund sein. Ihr Wuchs muss der jeweiligen Art und Sorte entsprechen. Die Gütebestimmungen können im einzelnen in dem vom BdB herausgegebenen

Handbuch „Rosen“ nachgelesen werden (siehe Literaturverzeichnis und Bezugsadresse im Anhang). Das Prüfsiegel „ADR“ (Anerkannte Deutsche Rose) wird an Sorten vergeben, die sich nach mehrjähriger Beobachtung (in der Regel über zwei bis drei Jahre) bezüglich einer Reihe von Kriterien besonders bewährt haben – wie etwa Pflanzengesundheit, Blütenreichtum und Haltbarkeit der Blüte. Dabei dürfen die in neun verschiedenen Gärten mit unterschiedlichen Boden- und Standortverhältnissen gepflanzten Neuheiten nicht mit Schädlingsbekämpfungsmitteln behandelt worden sein.
Manche biologisch wirtschaftenden Betriebe sind alternativ Mitglied in den entsprechenden Anbauverbänden (z. B. Bioland), welche die Einhaltung ihrer Anbaurichtlinien kontrollieren.
Kräftige und gesund aussehende Rosen wachsen bei fachgerechter Pflanzung gut an und besitzen eine große Widerstandsfähigkeit gegen Kälte, was insbesondere bei Herbstpflanzung wichtig ist, sowie gegen Krankheiten und Schädlinge.
Der Rosenfreund sollte beim Einkauf, sei es in der Rosen- bzw. Baumschule oder andernorts, stets die Pflanzen auf eine Reihe von Qualitätskriterien überprüfen:

- kräftige Triebe entsprechend Art und Sorte (Laut BdB-Bestimmungen müssen Rosen der Güteklasse A mindestens drei Triebe aus der Veredlungsstelle besitzen, solche der Güteklasse B mindestens zwei.)
- gleichmäßige, der Art und Sorte entsprechende Verzweigung und Wuchsform
- Zweige, Triebe und Rinde ohne Verletzungen
- Blätter mit sattgrüner Farbe ohne großflächige Verfärbungen oder Schadbilder, kein vorzeitiger Blattfall
- bei ballenlosen Pflanzen kräftiges, für die Größe der Rose ausreichend langes Wurzelwerk mit Faserwurzeln ohne Verletzungen (Einrissstellen etc.) und
- bei Containerpflanzen ausreichend großes, gut durchwurzeltes Pflanzbehältnis, aber kein verfilztes Wurzelwerk und keine Durchwurzelung des Containerbodens.

Links: Diese Containerrosen sind mit ihren kräftigen Trieben ein guter Kauf. Auf dem Etikett finden sich die wichtigsten Eigenschaften der gewählten Sorte.

Unten: Stammrosen (hier die Sorte 'Schöne Dortmunderin') eignen sich besonders gut, um Eck-, Mittelpunkts- und Durchgangssituationen hervorzuheben.

Stammrosen und ihre Einteilung

Viele Rosensorten, die ansonsten als Beet-, Strauch- oder Kletterrosen angeboten werden, sind auch als Stammrosen im Handel. Dazu eignen sich vor allem Sorten, die einen reichen Blütenflor, dichte Belaubung und überhängende Triebe besitzen. Sie sind vor allem zur Beto-

nung von Wegkreuzungen, Durchgängen und als Mittelpunkt von Beeten geeignet.
Bei den Stammrosen wird eine Veredlung in der jeweils vorgesehenen Höhe des Kronenansatzes vorgenommen. Stammrosen werden entsprechend in vier Gruppen unterteilt:

- Fußstämme (Kronenhöhe 30 cm)
- Halbstämme (Kronenhöhe 40–60 cm)
- Hochstämme (Kronenhöhe 90 cm)
- Trauerstämme (Kronenhöhe 1,40 cm).

Erfolgreiches Gärtnern mit Rosen

Welcher Standort darf es sein?

Der Standort einer Rose spielt eine entscheidende Rolle bei deren Entwicklung, Gesundheit und Wachstum. Bereits vor der Kaufentscheidung ist daran zu denken, dass die Pflanze auf die jeweils herrschenden Standortbedingungen eingestellt sein muss oder umgekehrt, bzw. dass am vorgesehenen Pflanzort die Ansprüche der Rose erfüllt werden. Zu den Standortbedingungen gehören neben den allgemeinen Klimabedingungen vor allem Besonnung, Luftfeuchtigkeit, Windverhältnisse, Beschaffenheit des Bodens und Bodenfeuchte.

Mit Himmelsrichtung und Sonnenschein planen

Bei Rosen sollten Standorte in reinen Nordlagen unbedingt vermieden werden, wenn die Pflanze dort den Großteil des Tages beschattet wäre; denn Rosen sind wahre Sonnenanbeter und entwickeln sich meist bereits in halbschattigen Lagen bedeutend schlechter als in der Sonne. Vollschattige Standorte sollten für Rosen von vorne herein ausscheiden. Allerdings gilt auch hier: keine Regel ohne Ausnahme. Einige besonders hitzeanfällige Strauchrosen wie etwa *Rosa arvensis* vertragen oder mögen sogar Halbschatten. Frohwüchsige Rambler-Rosen oder hoch werdende Wildrosen können durchaus unter kleine Bäume (z. B. Apfelbäume) oder Sträucher (z. B. Holunder, Zierkirschen, Zieräpfel) gepflanzt werden, da sie ihre langen Triebe sehr bald durch das Geäst des Baumes strecken und die Blüten und Blätter dann genug Sonne bekommen.
Allerdings heißt es bei der Rose nicht Sonnen um jeden Preis, denn in reinen, heißen Südlagen – insbesondere an Plätzen mit stauender Hitze oder geringer Luftfeuchte – gedeiht die Pflanze ebenfalls nicht optimal. Am besten eignen sich demnach West- und Ostlagen mit ausreichender Luftzirkulation. Die Nähe zu einer warmen Hauswand danken vor allem die empfindlicheren Rosen immer mit deutlich besserem Wachstum, insbesondere in sehr kalten Gegenden.

Durch Standortbeobachtung zum Erfolg

Um die in den verschiedenen Gartenbereichen herrschenden Bedingungen hinsichtlich Sonnenschein, Luftbewegung und Temperatur hinreichend beurteilen zu können, beobachtet man am besten deren Entwicklung der Sonnenscheindauer und anderer Merkmale übers Jahr hinweg und trifft erst dann seine Pflanzenwahl. Sorgfalt und Ausdauer bei der Standortbestimmung werden die Rosen später mit Blütenreichtum und gesundem Laub honorieren.

Beste Böden für höchste Ansprüche

Rosen benötigen generell einen sehr guten, reichlich mit Nährstoffen versorgten und nicht zu leichten, am besten lehmhaltigen und humosen Boden mit guter Nährstoffversorgung. 'Allergisch' reagieren Rosen demgegenüber sowohl auf schnell austrocknende, nährstoffarme Böden (insbesondere stark kiesige oder sandige Substrate) als auch auf stauende Nässe. Letztere wird vor allem auf stark lehmigen oder tonigen Böden zum Problem. Besonders zu beachten sind Bodenverdichtungen, die etwa durch Baufahrzeuge, verbackenen Bauschutt oder Ähnliches entstanden sind. An solchen Stellen wird die Durchlüftung und Durchwurzelbarkeit des Bodens beeinträchtigt

Rechts: Vorsichtiges Hacken dient bei Rosen der Lockerung des Bodens und damit der Verbesserung der Durchlüftung und Durchwurzelbarkeit.

Links unten: Einen freien, gut besonnten Stand bevorzugen die meisten Rosen, hier die Sorte 'Mutabilis'.

und der Wasserabzug erschwert, was ebenfalls zu Staunässe führt. Eine der wichtigsten Aufgaben besteht darin, der Pflanze einen Standort ohne übermäßigen Gras- oder Krautbewuchs zu bieten. Pflanzen mit starker Wurzelbildung und hohem Nährstoffbedarf konkurrieren sonst mit der Rose um die nötigen Nährstoffe, Mineralien und das Wasser; die Folgen sind eine schwächere Entwicklung der Rose und eine unbefriedigende Blütenbildung. Nicht zuletzt nimmt dadurch auch die Anfälligkeit für Krankheiten zu. Einige wenige Wildrosen sind weniger anspruchsvoll. Sie können auch in gemischten Wildgehölzpflanzungen und zur Bepflanzung von Brachflächen eingesetzt werden. Hierzu zählen etwa die viel verwendeten Arten *Rosa rugosa* (allerdings nicht für stark kalkhaltige Böden), *Rosa canina* und *Rosa rubiginosa*.

Substratwahl und Bodenverbesserung

Wegen ihrer senkrecht nach unten strebenden, tiefen Wurzeln braucht die Rose zunächst einen tiefgründigen Boden mit durchgängig guter Qualität. Für die Feststellung des richtigen Substrates ist zunächst der vorhandene Mutterboden zu untersuchen: Ist er sehr leicht, das heißt, stark sandig oder kiesig, muss viel Humus eingearbeitet werden ($^3/_4$ bis $^4/_5$ des Gesamtsubstrats). Als Beimischungsmaterial bieten sich vor allem bereits fertig aufbereitetes Rindenkultursubstrat, Komposterde oder reifer Kompost aus eigener Herstellung an. Handelt es sich dagegen um einen extrem schweren, sehr lehmigen bzw. tonigen Boden mit schlechtem Wasserabfluss, schafft die Beigabe von reichlich Quarzsand Abhilfe – je nach Bodentyp bis ein Viertel des Gesamtsubstrats. Sand verbessert durch seine grobe Körnung die Durchlüftung und Durchwurzelbarkeit des Bodens. Bei gut sortierten Baustoffmärkten ist der Sand in verschiedenen Korngrößen abgepackt erhältlich.

Wichtig für den Nährstoffhaushalt: pH-Wert und Kalkgehalt

Auch der pH-Wert und der Kalkgehalt des Bodens spielen für das Gedeihen der Rose eine sehr wichtige Rolle. Am liebsten hat die Rose einen pH-Wert um 6,5 (neutrale Bodenreaktion), in jedem Fall aber nicht unter 5,5 und nicht über 7,5. Ein stark kalkhaltiger Boden ist für die Rose nicht sehr zuträglich, weil dann die Aufnahme anderer Nährstoffe wie Stickstoff, Kalium und Phosphor behindert wird. Gerade bei fraglichen Bodenverhältnissen sollte entweder selbst eine Bodenprobe mit den im Handel erhältlichen Sets durchgeführt oder an die regional dafür zur Verfügung stehenden Labors bzw. Institute geschickt werden.

Bodenlockerung durch sanftes Hacken

Neben vorsichtigem Wässern trägt auch sachgemäßes Hacken dazu bei, die Durchlüftung und Durchlässigkeit des Bodens zu erhalten. Allerdings sollte dies in Maßen geschehen und nicht jede Pflanze in weitem Umkreis um die Rose weggehackt werden. Tolerante Stauden oder Einjährige mit geringem Nährstoffbedarf sind im Nahbereich der Rose immer willkommen, weil sie den Boden vor Austrocknung schützen. Um die Rosenwurzeln zu schonen, sollte man nicht tiefer als etwa 3 bis 4 cm hacken. Dabei ist unbedingt eine Verletzung des unter der Erde verborgenen Wurzelhalses der Rose und der Veredlungsstelle der

Rose zu vermeiden. Auf keinen Fall darf bei nassem Wetter gehackt werden, damit die Kapillarstruktur des Bodens nicht zerstört wird. Anstatt der beabsichtigten Verbesserung würde dadurch eine Verschlechterung der Bodenlockerheit und der Durchlüftung bewirkt.

Förderung des Bodenlebens

Durch das Aufbringen einer Mulchschicht wird die Feuchtigkeit erhalten und das Bodenleben gefördert, also insbesondere die hilfreiche Tätigkeit der Mikroorganismen. In der Folge bleibt der Boden locker, gut durchlüftet und gut durchwurzelbar. Hervorragende Mulchmaterialien sind Stroh und vorbehandelte Rinde. Allerdings darf auf keinen Fall frische Rinde verwendet werden, da die hierin enthaltenen Gerbstoffe den Pflanzen Schaden zufügen können. Auch eine dicke Schicht aus Komposterde erhält die Feuchtigkeit und versorgt die Rose mit dem für sie wichtigen Humus.

Richtig pflanzen in Beet und Gefäßen

Beim Pflanzen darf der Rosengärtner weder Arbeit noch Mühe scheuen; denn eine Pflanzgrube für Rosen kann im Grunde nie zu tief sein. Aber auch in der Breite sollte ausreichend „Bewegungsraum" verbleiben.

Die Freilandpflanzung von Rosen – Schritt für Schritt

- Lebensraum und genauen Standort überprüfen: Kann die Rose hier überhaupt gedeihen? Zur Beurteilung gegebenenfalls Bodenprobe entnehmen!
- Für Rosen geeignetes Substrat und Mischungsverhältnis auswählen, z. B. zur Hälfte Mutterboden, zur anderen Hälfte selbst hergestellte Komposterde, Kompost- oder Rindenkultursubstrat (bei leichten Böden mehr Humus, bei schweren Böden Sand oder Feinkies einarbeiten!).
- Pflanzgrube mit ausreichenden Abmessungen ausheben (Faustregel: mindestens 2-facher Wurzeldurchmesser = Breite, 2 bis 3-fache Wurzellänge = Tiefe), Teil des Pflanzsubstrates in Grube einfüllen.
- Bei Container-Rosen: zunächst Feuchtigkeit des Container-Ballens überprüfen – falls zu trocken, erst wässern; anschließend Topf mit einem Schlag der flachen Hand auf den Gefäßboden lockern, Pflanze dabei möglichst weit unten festhalten, dann Topf entfernen; Rose in das vorbereitete Pflanzloch einstellen, Substrat bis etwa 5 cm oberhalb der Veredlungsstelle einfüllen und vorsichtig und Gießrand aus Erde anschütten.
- Bei Rosen mit Ballen: Rose vor der Pflanzung mindestens 3 bis 4 Stunden in großem Eimer wässern; dann Pflanze in vorbereitetes Pflanzloch einstellen und festhalten, Pflanztiefe überprüfen, restliches Substrat einfüllen, vorsichtig festtreten; bei Herbstpflanzung immer mit Erde anhäufeln und Gießrand herstellen.
- Bei Rosen ohne Erdballen: Pflanzen an Wurzeln und Trieben um etwa ein Fünftel zurücknehmen; nach dem Einfüllen des Substrates Rose ein wenig hochziehen, damit die Wurzeln vollkommen mit Substrat umgeben sind und das Anwachsen erleichtert wird; danach die restliche Erde einfüllen; bei Herbstpflanzung immer mit Erde anhäufeln und Gießrand aus Erde anlegen.
- Stammrosen anbinden; dazu geeigneten, nicht zu starken Pfahl auswählen (mindestens 40 cm höher als der Kronenansatz), mit einem Hammer in etwa 40 cm Entfernung vom Stamm senkrecht einschlagen, Rose mit Kokosschnur festbinden.
- Abschließend wird großzügig gegossen ('eingeschlämmt'), um das Anwachsen zu fördern; in den ersten Tagen nach der Pflanzung (außer in Regenperioden) mehrmals wiederholen, danach in größeren Abständen; mit sanftem Strahl gießen, damit keine Erde fortgespült wird und keine Wurzeln freigelegt werden!

Der richtige Pflanzzeitpunkt

Je nachdem, ob die erworbene Rose mit oder ohne Erdballen oder im Container erworben worden ist, sind unterschiedliche Pflanzzeiträume zu beachten:

- Ballenlose Rosen (mit freiliegenden Wurzeln, ohne Erde): Oktober bis April.
- Im Beutel verpackte Rosen: Oktober bis Mai.
- Rosen mit Wurzelballen: Oktober bis Juni.
- Container-Rosen: ganzjährig.

Bei diesen Angaben handelt es sich natürlich nur um Richtwerte, die aber nicht zu weit unter- oder überschritten werden sollten. Wenn in einem Jahr die Vegetation aufgrund langer winterlicher Kälte später einsetzt, kann man ballenlose Rosen auch noch Anfang Mai pflanzen. Bei bereits starkem Austrieb empfiehlt sich dagegen eine deutlich frühere Pflanzung. Herbstpflanzungen sollten – abgesehen natürlich von Container-Rosen – auf keinen Fall vor Oktober vorgenommen werden.

Freilandpflanzung einer Containerrose (hier die Kletterrose 'Ilse Krohn Superior'): Zunächst wird ein möglichst tiefes und ausreichend breites Pflanzloch ausgehoben. Die Rose wird durch einen Schlag auf den Containerboden gelockert, herausgehoben und so in das bereits mit etwas Substrat gefüllte Pflanzloch eingestellt, dass die Veredlungsstelle einige Zentimeter mit Erde bedeckt werden kann. In der Nähe einer Wand müssen die Wurzeln immer etwas von dieser weg zeigen. Nun wird behutsam das restliche Substrat eingefüllt und vorsichtig angetreten. Ein Gießrand aus Erde sorgt dafür, dass gut eingeschlämmt werden kann.

Rosen in Gefäße pflanzen

Rosen haben zwar gerne einen möglichst tiefgründigen Boden, jedoch können einige Sorten auch ohne Schwierigkeiten in Gefäßen, Kästen und Ampeln kultiviert werden. Das macht sie auch für Rosenfreunde attraktiv, die keine oder nur sehr wenige Beetflächen zur Verfügung haben. Rosen in Kübeln auf Balkon, Terrasse und Dachterrasse machen den Sitzplatz erst zum vollendeten Erlebnis. Dabei sollte allerdings darauf Rücksicht genommen werden, dass sich starkwüchsige Strauch- und Kletterrosen für Kübelkultur nicht optimal eignen und nach einigen Jahren ins Beet umgepflanzt werden müssen. Dankbare Kübelrosen sind die meisten Zwergrosen und einige Beet- und Bodendeckerrosen, etwa die wunderbaren 'Swany' und 'The Fairy'. Beide eignen sich auch sehr gut zur Bepflanzung von Ampeln. Container-Rosen wachsen im Gefäß am besten an.
Auch hier gilt es, den Rosen ein möglichst großes Gefäß zu schenken – bei Zwergrosen mindestens 30 cm, bei Beet- und Bodendeckerrosen mindestens 40 bis 45 cm tief. Die Breite beziehungsweise der Durchmesser der Gefäße sollte nicht viel geringer ausfallen.
Zur Pflanzung wird am besten ein Mischsubstrat verwendet, das Humus- und Lehmanteile, sowie viele nährstoffhaltefähige Bestandteile aufweist, damit die Pflanze mit Nährstoffen gut versorgt wird. Darüber hinaus sollte das Substrat nicht zu schnell austrocknen. Wegen der Austrocknungsgefahr sollte Torf, wenn überhaupt, nur in geringen Anteilen beigemischt sein. Bei fertig abgepackten Substraten gibt hierüber die Packungsaufschrift Auskunft.
Zum Pflanzen wird das Substrat mindestens 10 bis 15 cm tief ins Gefäß eingefüllt. Dann wird die vorbereitete Rosenpflanze (siehe oben) hineingesetzt und das Gefäß mit dem restlichen Substrat aufgefüllt. Auch hier muss die Veredlungsstelle mindestens 5 cm unter die Erde kommen. Abschließend wird die Rose mit beiden Händen festgedrückt und notfalls nochmals mit etwas Substrat aufgefüllt. 2 bis 3 cm Platz am oberen Gefäßrand sorgen dafür, dass gut gewässert werden kann, ohne das Gefäß zum Überlaufen zu bringen.

Links: Die Rose wird mittig in das mit Pflanzsubstrat vorgefüllte Tongefäß gestellt, aufgefüllt und vorsichtig festgedrückt. Damit gut gegossen werden kann, sollten einige Zentimeter Rand verbleiben.

Rosenbeete und „mixed borders“ fachgerecht vorbereiten

Sollen größere Rosenbeete oder auch gemischte Rabatten mit Gehölzen und Stauden entstehen, muss der Boden zumindest bis zu einer Tiefe von etwa 50 cm gelockert werden. Feinkrümelige und lockere Erde ist vor allem wichtig für die Durchwurzelbarkeit und damit für das Anwachsen der Pflanzen sowie für die Bodendurchlüftung, welche die Sauerstoffaufnahme, die Wurzelbildung und somit das Wachstum der Pflanze beeinflusst. Sowohl bei der Neuanlage als auch im bestehenden Garten wird man bei größeren zusammenhängenden Flächen meist mit der Spezialmaschine durchfräsen müs-

sen. Solche Arbeiten übernehmen Baumschulen wie auch Garten- und Landschaftsbaubetriebe. Fräsen können auch in vielen Baumärkten ausgeliehen werden. Ist der Boden nicht allzu hart, genügt auch oft eine Motorhacke, die mit geringeren Drehzahlen arbeitet und entsprechend weniger stark ins Bodenleben eingreift.
Wenn es sich nur um kleinere Bereiche bis etwa fünf Quadratmeter handelt und der Boden nicht allzu sehr verdichtet ist, kann auch Hacken oder Umgraben genügen. Generell gilt: Je seltener und je weniger tief in den Boden eingegriffen wird, desto weniger wird das Bodenleben gestört. Bei Nässe sollten möglichst keine Bodenarbeiten durchgeführt werden, um den Boden nicht unnötig zu verdichten. Vorhandene Grasnaben können eingefräst werden, wenn keine Wurzelunkräuter wie etwa Giersch enthalten sind. Besser ist es jedoch, den Grasbewuchs vorher abzunehmen. In den gut gelockerten und feinkörnigen Gartenboden können dann Komposterde, Rindensubstrat oder andere gute Substrate eingearbeitet werden. Zur Herstellung der gewünschten Niveauverhältnisse (Planie) wird die Erde mit der Schaufel und einem breiten Holzrechen (möglichst mit flach stehenden Zinken) verteilt. Mit dem Rechen lassen sich gleichzeitig größere Feldsteine entfernen.

Umpflanzen – nur im Notfall!

Rosen bleiben am liebsten an ihrem Pflanzplatz und können dort bei zusagenden Verhältnissen und guter Pflege auch uralt werden, insbesondere wenn es sich um Strauch- und Kletterrosen handelt. Verpflanzt werden sollte nur bei unbedingter Notwendigkeit und mit größter Vorsicht, denn gerade schon länger an einem Standort etablierte Rosen wachsen an anderer Stelle nur schwer wieder an. Wildrosen sind dabei weniger empfindlich als veredelte Rosen, danken es aber auch, wenn man sie mit ausreichend großem Erdballen umpflanzt. Das ist jedoch leichter gesagt als getan, denn Rosen wurzeln zum einen weit stärker in die Tiefe als in die Breite und bilden zum anderen nur relativ wenige Faserwurzeln. Dies hat zur Folge, dass die Erde nicht sehr gut festgehalten wird und der Ballen leichter zerbricht als bei anderen Gehölzen. Zudem besteht beim Ausgraben die Gefahr, die oft bereits sehr stattliche, tief ins Erdreich hinabreichende Pfahlwurzel der Rose zu verletzen. Bei besonders schönen und wertvollen Exemplaren sollten unter Umständen Baumschulen zu Hilfe gerufen werden.

Die Rolle von Düngung und Kompost

Rosen haben bestimmte Nährstoffansprüche, die sie von anderen Pflanzen unterscheiden:

- Wichtig für das Gedeihen von Rosen sind vor allem die Nährstoffe Stickstoff (N), Phosphor (P_2O_5) und Kalium (K_2O). In geringeren Mengen sollte Calcium (Ca), Magnesium (Mg) und Eisen (Fe) zugeführt werden. Spurenelemente wie Mangan (Mn) werden nur in sehr geringen Mengen benötigt.
- Loser Dünger ist am besten mit der Hacke leicht in den Boden einzuarbeiten.
- Die Düngung sollte im Frühjahr, beim Erscheinen der ersten Blatttriebe, und im Sommer, nach der ersten Blüte (Juni/Juli), erfolgen.

Wenn der Boden für die Rose gut bereitet und die Pflanzung fachgerecht erfolgt ist, sollte im Jahr der Pflanzung nicht mehr gedüngt werden. Im Folgejahr kann dann ab Mai eine Frühjahrsdüngung mit organischem Dünger (z. B. Rosen-Azet) folgen, um die Entwicklung der Pflanze und vor allem die Blütenbildung zu fördern. Für im Kübel gezogene, so genannte Container-Rosen sind organische Flüssigdünger wie Bio-Trissol optimal geeignet. Nach dem August sollten keine Volldünger mehr verabreicht werden, damit die Rosen ausreifen können und keine übermäßige Frostanfälligkeit zeigen. Zur Stärkung der Widerstandskraft im Winter kann im September allerdings noch einmal ein Kali-Dünger eingesetzt werden. Der Einsatz von synthetischen oder Mineraldüngern ist wegen der negativen Folgen für die Umwelt (Grundwassereintrag) und der damit einhergehenden schleichenden Bodenversalzung, die langfristig auch das Gedeihen der Rosen in Mitleidenschaft ziehen kann, unbedingt zu vermeiden.

Rosenträume mit selbst gemachter Komposterde

Aufgrund des hohen Humus- und Nährstoffgehaltes kann im eigenen Garten gereifter Kompost für das Gedeihen und die Gesunderhaltung der Rosen wunderbare Dienste leisten. Förderlich sind auch regelmäßige Gaben halbreifen Kompostes, der leicht in die Erde eingehackt werden sollte. Selbst hergestellter Kompost ist also sowohl als Düngemittel als auch als Beigabe zum Substrat von Bedeutung und zudem kostengünstig. Voraussetzung dafür, dass der Kompost von der Rose vertragen wird, ist allerdings seine fachgerechte Bereitung.

Links: Der Komposthaufen wird am besten unter dem Schatten eines genügsamen Wildgehölzes angelegt.

Damit die Zersetzungsprozesse im Kompost unter bestmöglichen Bedingungen ablaufen können, ist ein schattiger Standort ohne große Temperaturgegensätze erforderlich. Zusätzlich muss der Platz windgeschützt sein, damit der Kompost nicht austrocknet. Am einfachsten lässt sich ein solches Plätzchen unter einem duldsamen kleinen Baum oder Strauch schaffen. Wildgehölze mit geringem Nährstoffbedarf wie etwa Holunder oder Wilder Schneeball sind hierfür besonders geeignet. Wichtig für die Standortfrage ist natürlich auch, dass der Kompostplatz gut zugänglich ist. Ferner muss an der ausgewählten Stelle ausreichend Platz für zwei, besser drei Kompostplätze sein: für frisch aufgefülltes, verrottendes und fertig zersetztes Material.
Grundbedingung für den optimalen Ablauf des Zersetzungsprozesses ist der direkte Kontakt des Kompostes mit dem Erdreich, damit die Bodenlebewesen sich optimal nach oben und unten bewegen können. Mindestens ebenso bedeutsam ist die seitliche Belüftung, damit keine Gärungsprozesse einsetzen. Der Kompostbehälter kann aus Holz, Blech oder einem Drahtgestell bestehen. Mieten oder so genannte fertig zu kaufende Schnellkomposter aus Kunststoff, bei denen das Kompostgut oben eingefüllt wird, beschleunigen den Rotteprozess erheblich (ab acht bis zehn Wochen bis vier Monate). Zudem sparen Schnellkomposter durch die kurze Zersetzungszeit auch Platz ein, sind besonderes für kleinere Gärten geeignet. Beim Kauf ist darauf zu achten, dass der Behälter an der Seite bei Bedarf abnehmbare Luftklappen besitzt und später als Ganzes abgenommen werden kann.

Beste Rosenerde mit den optimalen Zutaten

Sind die Standortwahl geklärt und die Miete aufgestellt, kann mit dem Befüllen begonnen werden. Durch die Zugabe der Materialien wird die Zersetzung, der Nährstoffgehalt und damit die Qualität der Komposterde nachhaltig beeinflusst. Grundsätzlich können sämtliches Grüngut aus dem Garten und alle pflanzlichen Küchenabfälle hineingegeben werden. Grasschnitt allerdings bildet im Kompost eine feste Schicht, beginnt zu gären und behindert den aerob – also unter Luftzufuhr – ablaufenden Kompostierungsprozess. Daher sollte Grasschnitt besser auf einem separaten Haufen abgelagert oder alternativ als dünne Mulchauflage verwendet werden. Stickstoffarme Materialien wie Sägemehl und Laub sollten stets nur in kleinen Mengen beigegeben werden. Eichen- und Walnussblätter enthalten wie auch die Rinde vieler Gehölze zu viel Gerbsäure. Dagegen sind klein gehäckselte Äste unverzichtbarer Bestandteil jedes guten Kompostes.
Erkrankte Pflanzenteile sollten ebenso wenig in den Kompost gelangen wie Wurzelunkräuter. Diese sind zu erkennen an den weißen, fleischigen Wurzeln, die sich im Komposthaufen meist nicht zersetzen, sondern neu austreiben und nach dem Ausbringen im Beet wieder gejätet werden müssen. Tierische Essensreste wie Fleisch, unverrottbare Abfälle und mit Schadstoffen belastete Materialien gehören in den Hausmüll.

Den Kompostierungsprozess anregen

Einige natürliche Beigaben fördern den Kompostierungsprozess dadurch, dass die im Kompost enthaltenen organischen Stoffe die gewünschten Ton-Humus-Komplexe bilden. Dafür genügt die Zufuhr geringer Mengen tonhaltiger Gartenerde. Steht diese nicht zur Verfügung, kann auch das gleichzeitig säurepuffernde Steinmehl zugesetzt werden (ca. 5 bis 9 kg je m²). Alternativ lassen sich Tonminerale wie Bentonit einsetzen (ca. 10 kg je m²); dabei ist aber auf eine sorgfältige Durchmischung zu achten. Brennnesseljauche oder alternativ Beinwelljauche dienen als Stickstoffnahrung für Mikroorganismen. Im biologisch-dynamischen Gartenbau werden gerne in Wasser eingerührte Schachtelhalm- oder Baldriananextrakte verwendet.

So wird der Kompost richtig aufgebaut

Für das Ansetzen des Kompostes sollte auf dem Boden stets eine (etwa 25 bis 30 cm hohe) Schicht klein geschnittener Äste und hierauf eine Lage pflanzliches Material (z. B. pflanzliche Küchenabfälle, verwelkte Blumen) aufgebracht werden. Eine solche Mischung von kohlenstoffhaltigen (z. B. Holz und Stroh) und stickstoffreichen Materialien (z. B. Gemüse- und Küchenabfälle, Mist) sollte nach Möglichkeit durchgehalten werden.
Wichtig für den Ablauf des Rotteprozesses ist auch die gute Mischung aus groben, lockeren und feinen bzw. dichteren Materialien. Als bevorzugtes Grobmaterial sollte Astschnitt eingesetzt werden, der für eine gute Durchlüftung des Kompostes sorgt. Zudem ist Astschnitt eine Art alternativer 'Depotdünger', der sich langsam zersetzt und auch nach dem Ausbringen des fertigen Kompostes beständig Nährstoffe abgibt. Durch die entsprechende Materialmischung kann auch die Feuchte des Kompostes geregelt werden, der weder vernässen noch austrocknen darf. Gegen Trockenheit kann der Kompost insbesondere dann, wenn er an einem nicht sehr schattigen Platz steht, zusätzlich durch eine oberseitige Auflage aus Reisig oder Laub geschützt werden.
Die Wirkung der gemischten Schichtung ist am besten, wenn sie durchgängig bis zu einer Höhe von etwa 1,3 m aufgebaut wird. Vor allem aber kommt es darauf an, dass das Aufbauprinzip, die Materialien, Luftzufuhr und Feuchtigkeit im Grundsatz stimmen. Stets sollte etwas Astschnitt bereitliegen, der zwischen die übrigen Schichten eingebracht werden kann.

Bessere Kompostierung durch Umsetzen

Steht genügend Platz zur Verfügung, kann man den Komposthaufen umsetzen. Dazu ist die Miete mit Schaufel oder Grabgabel nebenan neu aufzuschichten. Die Vorteile sind, dass äußere, vielleicht etwas zu trockene Bereiche und noch wenig zersetztes Obermaterial ins Innere bzw. nach unten gelangen und dass das gesamte Material beim Umsetzen gut durchlüftet wird. Dadurch wird eine gleichmäßige Zersetzung gefördert.

Wann und wofür kann ich meine Komposterde verwenden?

Die Antwort auf diese Frage hängt zunächst davon ab, wie der Kompost aufgebaut wurde, wie schnell er also fertig ist, und wie er verwendet werden soll. Der zum Düngen der Rosen bestimmte so genannte halbreife Kompost oder Nährhumus kann unter günstigen Bedingungen

Rechts: Schnellkomposter sorgen für eine schnelle Zersetzung des organischen Materials.

bereits in etwa zwei Monaten fertig sein, während der zur Bodenverbesserung eingesetzte reife Kompost oder Dauerhumus dafür ein halbes Jahr oder länger benötigt. Halbreifer Kompost enthält noch unzersetzte Pflanzenteile und viele Regenwürmer. Dagegen sind beim reifen Kompost die Rotteprozesse weitgehend abgeschlossen; er sieht im Grunde wie normale, gute Gartenerde aus. Allerdings sollten noch stärkere Aststücke und Ähnliches darin zu erkennen sein.

Anpfählen und anbinden

Insbesondere Rosen mit langen Zweigen und Trieben sowie mit großer Blütenfülle biegen sich oft unter ihrer eigenen Last. Sie brauchen dann punktuelle Unterstützung durch einige Holzpfähle oder Eisenstangen, die mit einem schweren Hammer eingeschlagen werden. Damit die Wuchshilfen optisch möglichst wenig in Erscheinung treten, sollten sie geschickt hinter bzw. unter der Pflanze versteckt werden und nicht zwischen den Zweigen herausragen. Zu lange Holzpfähle gehören weiter eingeschlagen oder in entsprechend der passenden Höhe abgesägt. Die Zweige und Triebe werden dann mit Naturbast oder Kokosstrick am Pfahl befestigt.

In Bäume wachsende Kletter- und vor allem Rambler-Rosen werden direkt am Baumstamm befestigt, was wiederum am besten und unauffälligsten mit Naturbast oder Kokosstrick geschieht. Mit fortschreitendem Wachstum muss dies so oft wiederholt werden, bis die obersten Triebe die Baumkrone erreicht haben und guten Halt finden. Aus der Krone herabhängende Zweige wirken ja sogar sehr malerisch und romantisch. Stören sie dennoch, können sie aber auch ruhig zusätzlich an den Hauptästen festgebunden werden, um der Rose die Richtung zu weisen. Das Abschneiden der Triebe sollte zur Erhaltung einer natürlichen Wuchsform Ausnahmefällen vorbehalten bleiben, – so etwa dann, z. B. wenn der „Wirtsbaum“ noch recht kleinkronig ist und langsamer wächst als die Rose.

Gießen und bewässern mit Bedacht

Was Rosen überhaupt nicht schätzen, ist die Austrocknung des Wurzelbereichs. Trockenheit beeinträchtigt nicht nur die Entwicklung der Pflanze und die Blütenbildung, sondern kann ebenso wie Standorte mit stauender Hitze und ungenügender Luftzirkulation zu Krankheiten wie etwa Mehltau führen. Daher muss also regelmäßig, aber mit Sorgfalt gegossen werden. Ein zu scharfer Gießstrahl führt zur unerwünschten Bodenverdichtung und -verschlämmung; die Durchlüftung und Durchwurzelbarkeit des Substrates verschlechtert sich in der Folge erheblich. Deshalb sollte sowohl bei der Gießkanne als auch beim Gartenschlauch immer mit Brauseaufsatz und mit sanftem Strahl gegossen werden. Auf keinen Fall darf auf die Blätter gegossen werden, weil auf diese Weise ein idealer Nährboden für Krankheiten entsteht. Sternrußtau wie auch Rosenrost treten bei feuchter Witterung und feuchten Blättern ver-

Links: Gleich ob mit Schlauch oder Gießkanne gegossen wird, sollte stets ein Brauseaufsatz verwendet werden.

Rechts: Der richtige Schnitt bestimmt die Entwicklung der Rose. Abgestorbenes bzw. erfrorenes Holz muss mit einem schrägen, nicht zu dicht über dem Auge geführten Schnitt weggenommen werden.

stärkt auf. Bei Bei Sonnenschein begossene Blätter können zudem Verbrennungsschäden davontragen. Beim Gießen gilt generell, ein gutes Mittelmaß zu finden, das heißt in der Praxis: Besser nur alle zwei bis drei Tage, dafür aber großzügig gießen! In die Nähe von Mauern gesetzte Kletterrosen haben ebenso wie Rosen in voller Sonne und freiem Stand meistens einen deutlich höheren Wasserbedarf als andere Rosen. Im übrigen sollte sich der Rosengärtner auch bei den Wassergaben nicht in erster Linie nach zeitlichen Intervallen, sondern nach Wetter- und Klimaverhältnissen richten: Ist es sehr heiß, herrscht ein starker Wind oder handelt es sich um leichten Boden mit schnellem Wasserabfluss, kann das Erdreich um die Rose bereits nach einem Tag wieder ausgetrocknet sein. Bei Windstille, bedecktem Himmel und lehmig-humosem Boden hält sich die Feuchtigkeit dagegen meist über einige Tage. Somit gilt auch für das Gießen die Devise: Wetter, Boden und Pflanzen gut im Auge behalten!

Die Schönheit erhalten: Schnitt, Pflanzengesundheit und Winterschutz

Die Kunst des Rosenschnittes

Wie bei vielen Gehölzen lässt sich auch bei der Rose das Wachstum und die Blütenbildung durch fachgerechten Schnitt auf einfache Weise günstig beeinflussen. Dahinter steckt im Grunde ein einfaches Prinzip: Sind weniger Zweige, Triebe und Blätter zu versorgen, steht der Rose mehr Kraft für die Blütenbildung zur Verfügung.
Dabei ist Schnitt aber keineswegs immer notwendig, manches Mal wird sogar des Guten zuviel getan. Gerade in dem milden britischen Klima zeigt sich, dass Rosengärten dann am meisten faszinieren, wenn sie die Blicke durch Meter hohe, üppig blühende Strauch-, Kletter- und Rambler-Rosen auf sich ziehen. Auch in mitteleuropäischen Breiten werden die Winter milder, und damit kältebedingte starke Erfrierungen bei Rosen seltener, sodass Rosenbüsche mit deutlich über 2 m Höhe keine Seltenheit mehr sind.

Welcher Schnitt für welche Rose?

Statt des teils noch zu sehenden alljährlichen Total-Rückschnitts sollten stark wachsende Strauch-, Kletter- und Rambler-Rosen im Normalfall nur punktuell geschnitten werden. Im Abstand von einigen Jahren tut aber besonders hoch wachsenden Strauchrosen ein stärkerer Rückschnitt (um etwa 1/3) wieder gut, um Wachstum und Blütenbildung zu fördern und der Rose wieder eine Form zu geben. Der Blütenansatz erfolgt dann wieder deutlich weiter unten – auf Augenhöhe des Betrachters.
Die starkwüchsigen, oft alte Obstbäume durchwachsenden Rambler-Rosen, aber auch viele Kletterrosen haben nach einigen Jahren eine so romantische Wuchsform eingenommen oder sind eine so überzeu-

Links: Beim Entfernen von Blüten, etwa für Potpourris oder nach dem Abblühen, sollte einige Augen unterhalb geschnitten werden, um den Neuaustrieb zu fördern.

dem Einpflanzen, bei Herbstpflanzung erst im Frühjahr schneiden!

- Mittelstark wachsende Beet- und Edelrosen: mittelstarker Schnitt (auf 4 bis 8 Augen bzw. 15 bis 25 cm Trieblänge), alle drei bis vier Jahre stärkerer Rückschnitt zur Verjüngung der Pflanze.
- Starkwüchsige Beet- und Edelrosen: hoher Schnitt (auf 8 oder mehr Augen bzw. über 30 cm Trieblänge), alle drei bis vier Jahre stärkerer Rückschnitt zur Verjüngung der Pflanze.

Wildrosen, die selbst in sehr kalten Wintern nur selten zurückfrieren,

gende Liaison mit anderen Pflanzpartnern eingegangen, dass jeder starke Rückschnitt gut zu überlegen ist. Ein gezielter Rückschnitt überalterter Triebe ist für Kletter- und Rambler-Rosen aber immer förderlich. Dem gegenüber sollten junge, aus dem unteren Bereich der Pflanze herauswachsende Triebe stehen gelassen werden, um eine ständige Verjüngung der Pflanze bei gleichzeitiger Beibehaltung des attraktiven Gesamterscheinungsbildes zu erreichen.

Im Gegensatz zu den meisten Strauch- und Kletterrosen sind Beetrosen, Edelrosen und auch einige Bodendeckerrosen auf einen regelmäßigen, jährlichen Rückschnitt angewiesen. Dabei ist wie folgt vorzugehen:

- Schwachwüchsige und junge Beet- und Edelrosen: tiefer Schnitt (auf 3 bis 4 Augen bzw. 10 bis 15 cm Trieblänge); junge Beet- und Edelrosen bei Frühjahrspflanzung unmittelbar vor

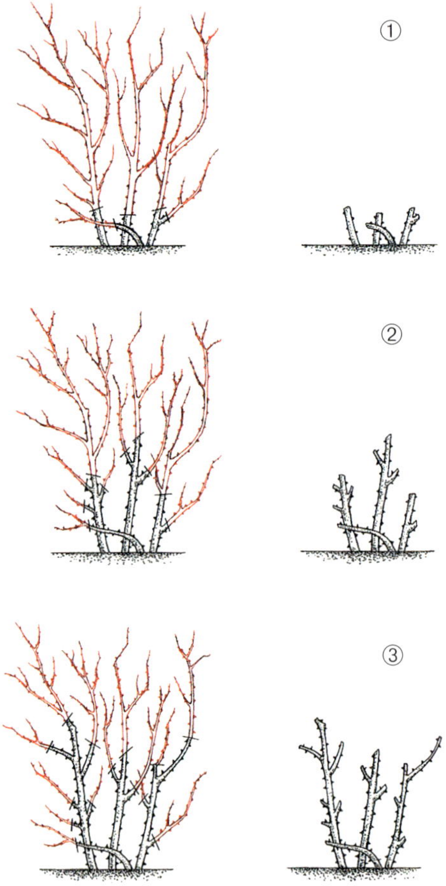

Der richtige Schnitt bei schwachwüchsigen bzw. jungen ①, mittelstark wachsenden ② und starkwüchsigen ③ Beet- und Edelrosen.

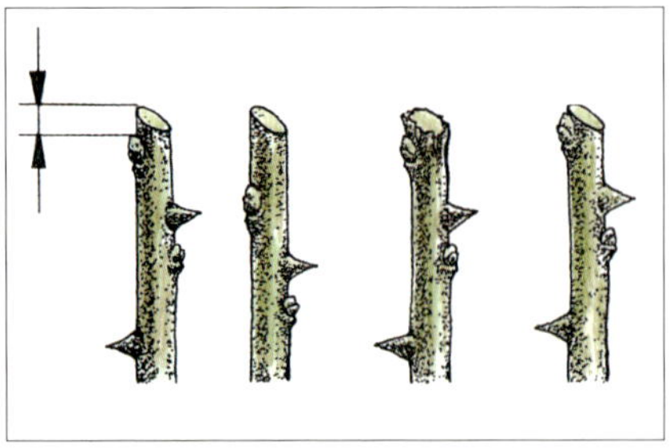

Unten: Der richtige Schnitt (ganz links). Die drei rechten Abbildungen zeigen, wie nicht geschnitten werden darf.

Rechts: Bestimmte aromatische Pflanzen wie der Lavendel können Lausbefall in gewissem Rahmen zurückdrängen.

sollten möglichst selten geschnitten werden. Wenn die unteren Triebe jedoch zu kahl werden und die Sträucher insgesamt zu staksig wirken, bringt ein alle drei bis vier Jahre durchgeführter Auslichtungsschnitt bei Sorten wie z.B. der *Rosa rugosa* deutliche Vorteile.

Vorbeugen statt Spritzen: Natürlicher Pflanzenschutz

Rosen sind grundsätzlich deutlich anfälliger für Schädlingsbefall und Krankheiten als die meisten übrigen Gartengehölze. Dies gilt besonders für veredelte Formen, während Wildrosen kaum von Schädlingen und Krankheiten betroffen werden. Daher sollten sich alle Rosenfreunde bereits vor dem Kauf informieren, welche Sorten besonders robust sind. Durch die richtige Vorauswahl erspart man sich – insbesondere an problematischen, für Rosen nicht optimalen Standorten – größeren Kummer mit Mehltau, Sternrußtau & Co. Grundsätzlich gehören *Rugosa*-Rosen zu den robustesten und gesündesten Rosen. In unten stehende Tabelle sind einige gegen Krankheiten und Kälte besonders widerstandsfähige Rosensorten aufgeführt, die zum Standardsortiment guter Rosen- und Baumschulen zählen (sollten).

Pflanzen auf natürliche Weise gesund erhalten

Obwohl der regelmäßige Einsatz von chemischen Präparaten noch in manchen Ratgebern immer noch als die gängige Methode dargestellt wird, kann der passionierte Rosengärtner durchaus darauf verzichten. Bester Beleg dafür sind biologisch

Die robustesten Rosenschönheiten

- 'Betty Prior' (Beetrose, karminrot bis hellrosa mit weiß, öfter- und lang blühend)
- 'Bonica '82' (Strauchrose, rosa, öfter blühend)
- 'Centenaire de Lourdes' (Strauchrose, rosa, öfter blühend)
- 'Flammentanz' (Kletterrose, blutrot, reich blühend)
- 'Gloria Dei' (Edelrose, goldgelb bis hellrosa)
- 'Märchenland' (Beetrose, lachsfarben bis hellrosa, reich und lang blühend)
- 'New Dawn' (Kletterrose, hellrosa, öfter blühend)
- 'Nina Weibull' (Beetrose, blutrot, dauerblühend)
- 'Paul's Scarlet Climber' (Kletterrose, rot; einmal, aber reich blühend, leicht remontierend)
- 'Queen Elizabeth' (Edelrose, silbrig rosa, öfter blühend)
- 'Rosarium Uetersen' (als Kletter- und Strauchrose sowie als Stammrose, rosa, dauerblühend ab Juni)
- 'Schöne Dortmunderin' (als Strauch- und Stammrose, rosa, öfter blühend)

wirtschaftende Rosenbaumschulen, die ja durch die riesigen Rosenbestände eigentlich noch weit stärker durch Schädlinge bedroht sein müssten als die Rosen im eigenen Garten. Nicht nur zur Schonung der Umwelt und der eigenen und familiären Gesundheit sondern auch zum Schutz der im Garten vertretenen, nützlichen Vögel, Kleinsäuger und Insekten ist vom Einsatz chemischer Präparate dringend abzuraten.
Viele Krankheiten lassen sich, wie bereits beschrieben (siehe Seite 22–30), durch die richtige Wahl des Standorts und gute Bodenpflege vermeiden oder zumindest in ihrem Ausmaß begrenzen. Ferner trägt auch die Einhaltung ausreichender Pflanzabstände dazu bei, das Auftreten von Schädlingen und Krankheiten im Griff zu behalten.
Nicht verschwiegen werden sollte allerdings, dass die biologische Schädlingsbekämpfung mehr Zeit- und Arbeitsaufwand erfordert als der schnelle, oft auch vorschnelle, Einsatz der „chemischen Keule“. Da aber gerade Rosengärtner meist Menschen sind, die ihrem Garten ohnehin einen Großteil ihrer Freizeit und große Leidenschaft widmen, wird ein bisschen Mehrarbeit nicht so arg ins Gewicht fallen. Der zusätzliche Aufwand für biologische Schädlings- und Krankheitsabwehr kann aber auch durch aufmerksame Beobachtung der Pflanzen in Grenzen gehalten werden.

Pflanzenbeobachtung spart Mühe und Sorgen

Wer täglich seine Rosen inspiziert, wird keine bösen Überraschungen mit ausgedehntem Krankheits- oder Schädlingsbefall erleben. Kleinere Läusekolonien an geschlossenen jungen Knospen oder an Blättern können ohne Probleme mit einem scharfen, fein eingestellten Gießstrahl aus dem Schlauch voll auf „biologische“ Weise weggespritzt werden. Gegebenenfalls muss die Prozedur an den Folgetagen noch ein- bis zweimal wiederholt werden, dann ist für längere Zeit Ruhe. Eingerollte oder mit ersten Anzeichen von Sternrußtau, Mehltau oder Rosenrost versehene Blättchen werden einfach abgezupft. Wichtig ist es aber, die entfernten Blätter in der Tonne zu entsorgen. Keinesfalls sollten diese an Ort und Stelle liegen gelassen, im Garten zu Boden geworfen oder gar auf den Kompost verbracht werden, weil dann die Krankheiten mit dem Kompost wieder auf die Rosen übertragen werden können.
Übrigens läßt sich durch intensive Beobachtung feststellen, ob Standortprobleme die Ursache für Krankheiten sind. Sogar bei fortgeschrittenem Befall ist eine Beobachtung hilfreich: Je früher der Befall erkannt wird, desto leichter kann man ihm auch mit biologischen Mitteln beikommen.

Schädlinge mit Geschick abwehren

Mit einigen einfachen Maßnahmen gelingt es oft bereits, den Befall durch Schädlinge und Krankheiten entscheidend einzudämmen.
Durch die Anlage von Holzstapeln, Laub- und Reisighaufen, die Pflanzung von Tiernährgehölzen und Nistmöglichkeiten sollten möglichst viele Nützlinge wie Marienkäfer und Florfliegen im Garten heimisch gemacht werden. Die als Läusevertilger bekannten Ohrwürmer ziehen beispielsweise gerne in Tontöpfen ein, die mit Holzwolle gefüllt sind. Die Töpfe sollten an einem starken Rosenzweig aufgehängt werden. Am wichtigsten ist jedoch die Schonung der Nützlinge durch die Vermeidung der „chemischen Keule“.

Links: Neben Läusen ist der Sternrußtau die wohl größte Sorge des Rosengärtners.

Der Nutzen guter Nachbarn

Auch die Wirkung von bestimmten Pflanzengemeinschaften ist eine große Hilfe im biologischen Pflanzenschutz! So vermindern beispielsweise Zwischenpflanzungen mit Knoblauch und Zwiebeln das Auftreten von Echtem Mehltau. Teppichpflanzungen mit Studentenblumen (*Tagetes*) vertreiben Bodenälchen (Nematoden), die besonders gerne das Wurzelwerk von Rosen schädigen. Kapuzinerkresse, etwa als Bodendecker unter Obstbäumen eingesetzt, wirkt abschreckend auf Blutläuse. In der Nähe von Rosen gepflanzter Lavendel verringert das Auftreten von Blattläusen. Auch stark aromatisch duftende Kräuter können in begrenztem Umfang gegen den Schädlingsbefall wirken.

Links: Begleitpflanzen wie Lavendel tragen dazu bei, das Auftreten von Blattläusen zu vermindern.

Biologische Mittel für den Ernstfall

Trotz aller Bemühungen und aller Vorsicht kann es doch einmal passieren, dass der Einsatz natürlicher Spritzmittel notwendig wird. Wer dann zu biologischen Mitteln statt zu „Giftbomben" greift, wird manchmal keinen so schnellen K. o.-Schlag erzielen. Deshalb muss die Prozedur unter Umständen mehrmals wiederholt werden.
Im Bio-Fachhandel und in bestimmten Gartencentern werden biologische Fertigpräparate angeboten. Ein Beispiel sind Schachtelhalm-Extrakte, sie kräftigen das Gewebe und fördern das Wachstum. Stärkungsmittel aus Pflanzenextrakten und Fettsäuren machen die Rosen im Allgemeinen widerstandsfähiger gegen Pilzkrankheiten wie Sternrußtau, Mehltau und Rosenrost (z. B. Neudo-Vital von Neudorff). Bei bereits feststellbarem Mehltau helfen Präparate wie das Mehltaumittel Bio-Blatt, welches das natürliche Lecithin der Soja-Pflanze enthält. Auch bei starkem Befall durch Raupen können Bio-Spritzmittel (z. B. Neudorffs Raupen-Spritzmittel) eingesetzt werden. Gegen Läuse hilft eine Lauge aus Schmierseife (Weinbergseife); sie ist in Drogerien erhältlich und lässt sich leicht in Wasser auflösen.

Bezeichnung	**Wirkung**	**Zutaten auf 10 l Wasser/ Zubereitung/Anwendung**
Schachtelhalm Brühe	zur Vorbeugung gegen Pilzerkrankungen (Mehltau, Schorf, Rost, Blattfleckenkrankheit etc.)	1 kg frisches Schachtelhalmkraut oder 150 g getrocknet, ggf. mit Brennnesseln mischen, in abgestandenem oder Regenwasser einweichen, 24 h stehen lassen, aufkochen, dann, abkühlen lassen, durchsieben, ggf. verdünnen
„Beißende Brennnesselbrühe"	gegen Blattläuse	1 kg frische oder 150 g getrocknete Brennnesseln 12 bis 24 h in kaltem Wasser ansetzen, dann sofort und unverdünnt über die Blätter sprühen
Zwiebel-Knoblauch-Jauche/-Brühe	vorbeugend gegen Pilzerkrankungen (vor allem Kartoffel, Erdbeere) als Brühe gegen Blattläuse	für Jauche 1 kg Zwiebeln, und mehrere Knoblauchzehen mit Wasser ansetzen, 2 bis 3 Wochen gären lassen, 1:10 verdünnen; für Brühe kochen und 24 h stehen lassen, feste Stoffe abseien, Flüssigkeit unverdünnt über die Blätter sprühen

Links: Brennnesseln bieten nicht nur Läusevertilgern Unterschlupf, sondern aus ihnen kann man auch eine biologische Spritzbrühe gegen Blattläuse herstellen.

Unten: Das Spezial-Vlies aus Textil-Material bietet den besten Winterschutz für Rosen.

Winterschutz für die Empfindsame

Wenn Rosen im Herbst gepflanzt, werden, ist das Anhäufeln mit Erde besonders wichtig, um die Veredlungsstelle am Wurzelhals vor Frosteinwirkung zu schützen. Die oberirdischen Triebe können bei Bedarf zusätzlich mit Reisig, noch besser mit Bast- oder Strohmatten umwickelt werden. Dies lässt sich bei an Säulen gezogenen Kletter- oder Strauchrosen am einfachsten bewerkstelligen. Bei Stammrosen muss zusätzlich immer die Veredlungsstelle unterhalb der Krone geschützt werden. Hierfür eignet sich am besten ein Spezial-Vlies, das auch in der Rosen- und Baumschule als Winterschutz eingesetzt wird. Dieses meist in grauer Farbe angebotene Textil-Vlies bietet einen hervorragenden Kälteschutz, weil es sich nicht voll Wasser saugen kann. Von kaltem Winterregen durchnässte Materialien gefrieren

Bio-Spritzbrühen selbst herstellen

Alternativ zu den im Handel angebotenen Bio-Präparaten kann man auf bewährte Rezepte für die eigene Herstellung zurückgreifen. Zahlreiche pflanzliche Jauchen, Tees und Brühen tragen zur Stärkung der Widerstandskraft der Rose bei. Einige selbst gemachte Pflanzenschutzmittel beugen aber auch dem Befall von Insekten, Läusen und Pilzerkrankungen vor oder dämmen diesen stark ein. Die Tabelle auf der Vorseite nennt einige wirkungsvolle Hausmittel zur Stärkung der Rose und zur Abwehr von Schädlingen: Die Spritzmittel werden am besten mit einer Rückenspritze ausgebracht, die ein ausreichend großes Fassungsvermögen aufweist. Wichtig ist, dass die Düse einen feinen Sprühnebel erzeugt und sämtliche Pflanzenteile benetzt werden. Besonders ist darauf zu achten, dass die Unterseiten der Blätter mit behandelt werden. Die Sprühmethode ist dem Gießen unbedingt vorzuziehen, weil eine bessere Verteilung der Präparate erzielt wird. Pflanzenjauchen wirken auf sanfte Art und Weise, eine gründliche Nachkontrolle und regelmäßiges Spritzen sind daher unverzichtbar.

und bieten dann keinen Kälteschutz mehr. Das Vlies sollte in etwa 30 cm breite und 1 m lange Streifen geschnitten, dann mehrfach von verschiedenen Seiten um die Veredlungsstelle geführt und schließlich fest verknotet oder mit einem Strick fixiert werden. Von der Verwendung von Plastikfolie – sowohl zum Umwickeln der Veredlungsstelle als auch zum Einpacken der gesamten Krone – ist dringend abzuraten, da sich unter dem Kunststoff Feuchtigkeit sammelt und die Frostwirkung somit eher noch verschlimmert wird.

Links: Bei Stammrosen, so auch den hier abgebildeten Trauerstämmen, befindet sich unterhalb der Krone eine Veredlungsstelle, die im Winter besonders vor Kälte geschützt werden muss.

Rosen veredeln und züchten

Die Rosenschulen und viele größere Baumschulen pflanzen alljährlich neue Rosen, die sie dann im Sommer des Folgejahres veredeln. Bei den so genannten Unterlagen, die wegen ihrer Robustheit und ihrer Wüchsigkeit verwendet werden, handelt es sich um Wildrosen – meist *Rosa multiflora* oder *Rosa canina*. Für die Veredlung legt der Baumschulgärtner diese in Reihe stehenden, höchstens kniehohen Wildlinge mit langen Brettern vorsichtig nieder. Dabei achtet er sorgfältig darauf, dass er die Wurzelhälse nicht verletzt. Unmittelbar vor der Veredlung wird mittels eines Spezial-Veredlungsmessers ein T-förmiger Schnitt in den Wurzelhals der Unterlage gemacht. Aus den in feuchte Tücher gewickelten Reisern (etwa 15 bis 20 cm lange Triebstücke) löst der Baumschulgärtner nun die „Augen" heraus und passt sie in den T-förmigen Schnitt am Wurzelhals ein, den er vorher vorsichtig geweitet hat. Den Vorgang bezeichnet man als „Okulieren" (lat. *oculus* Auge, Knospe). Anschließend wird die Veredlungsstelle mit einem wasserdichten Spezialgummi straff verschlossen. Aus dieser Veredlungsstelle treiben dann, wenn alles richtig gemacht wurde, im Folgejahr die neuen Triebe der veredelten Rose. Aus dem Wurzelbereich empor wachsende Wildtriebe müssen selbstverständlich entfernt werden.
So attraktiv der Gedanke auch sein mag, Rosen selbst zu veredeln, so schwierig ist dies jedoch. Nur der Fachmann, sprich der ausgebildete Baumschulgärtner, wird bei der Veredlung mit einiger Übung gute Anwachsergebnisse erzielen. Daher macht es für den Rosenliebhaber auch wenig Sinn, sich allzu intensiv damit auseinander zu setzen. Wenn sich nun aber das Problem stellt, dass eine oder mehrere Rosen-Kostbarkeiten aus dem eigenen Garten oder dem eines Bekannten bewahrt und vermehrt werden sollen, wendet man sich am besten an die Rosen- oder Baumschule seines Vertrauens. In der Regel wird man dort gerne bereit sein, für gute Kunden einige Exemplare mit zu veredeln.

Traum des Rosenliebhabers: Die eigene Züchtung

Wer nicht nur an die Bewahrung alter Rosenschätze, sondern darüber hinaus an der Kreation einer persönlichen, neuen Züchtung interessiert ist, muss mit einem hohen Aufwand rechnen. Misserfolge und Enttäuschungen gehören zur Züchtung dazu.

Links: Auch wenn der Ruhm nicht so groß wird wie der von David Austin, träumen doch viele Rosenfreunde von selbst gezüchteten Sorten.

Unten: Die mittlerweile schon wieder klassische Englische Rose 'Heritage' überzeugt durch ihr sanftes Rosa, ihren Duft und ihre mehrmals im Jahr erscheinenden Blüten.

Zunächst ist es besonders wichtig, sich über die Eigenschaften klar zu werden, die man sich von der eigenen neuen Züchtung erwartet. Entsprechend müssen die Eltern ausgewählt werden, aus denen dann die neue Sorte entstehen soll. Soll eine kleine, buschige, überhängende Rose mit der Blüte einer historischen Rose entstehen, ist eine ganz andere Wahl zu treffen, als bei einer eher straff aufrecht wachsenden Rose mit Edelrosenblüte. Um eine möglichst genaue Kontrolle über die gekreuzten Rosensorten zu behalten, muss in jedem Einzelfall die Pflanze mit einem beschrifteten Etikett gekennzeichnet werden. Technisch geht man so vor, dass der weibliche Teil einer Blüte (genauer die Narbe) mit den Pollen der einzukreuzenden Sorte bestäubt wird. Zuvor müssen die Staubblätter der Rose komplett entfernt sein. Die im Herbst aus dieser Liaison entstandenen Samen werden nach einigen Tagen Quellzeit im Wasser in Töpfe oder Kästen ausgesät. Auch über die Herkunft dieser Samen muss natürlich weiterhin Buch geführt werden, die einzelnen Kreuzungsvarianten müssen durch Etiketten deutlich vermerkt werden. Die entstandenen Setzlingspflanzen werden dann am besten in einer frostfreien Periode in unterseits durchlochten Blechdosen in die Erde gegeben. Mit etwas Glück entwickeln sich dann aus diesen Samen binnen 3 bis 4 Wochen neue Rosensorten, die den Züchter mit Stolz erfüllen.

Rosen mit allen Sinnen genießen

Blütenpracht für die Vase

Rosen sind als Vasenschmuck nicht nur im Winterhalbjahr, sondern im Grunde zu jeder Zeit eine Augenweide – gleich, ob als einzelne langstielige Edelrose in einer hohen Vase oder in einer Vielzahl von Blüten und anderen Blumen. Im Prinzip eignen sich alle Rosen als Schnittblumen, sie unterscheiden sich allerdings in der Haltbarkeit und im Aufblühen. Die besonders auf die Eignung als Schnittblumen gezüchteten Rosen bringen dafür die besten Eigenschaften mit. In der Regel handelt es sich hierbei um Beetrosen und Edelrosen. Besonders dankbare Schnittrosen sind:

'Barkarole' (Edelrose, dunkelrot)
'Bonica' (Beetrose, hellrosa)
'Carina' (Edelrose, silbrig rosa)
'Duftwolke' (Edelrose, korallenrot)

Unten und rechts oben: Ob hoch wachsende Edelrosen in der Tonvase oder in bunter Kombination mit Beeren und Gräsern: Rosen bieten mannigfache Gestaltungs- und Kombinationsmöglichkeiten.

'Eden Rose '85' (Strauchrose, zartrosa bis grünlich)
'Graham Thomas' (Strauchrose, gelb)
'The Fairy' (Bodendeckerrose, rosa)

Der richtige Umgang mit Schnittrosen

Neben der grundsätzlichen Eignung als Schnittrose ist auch die richtige Behandlung der Rose für die Haltbarkeit von Bedeutung. So sollte die Rose erst dann geschnitten werden, wenn die Knospe etwas aufgesprungen ist. Wird sie vorher geschnitten, reicht die Kraft noch nicht aus, um die Knospe zu öffnen. Bevor die Rose in die Vase gegeben wird, müssen die Stiele mit einem scharfen Messer angeschnitten werden. Wichtig ist ein sauberer, möglichst langer Schnitt. Die Stiele sollten alle zwei bis drei Tage erneut angeschnitten werden, da die eingedrungene Luft die Wasseraufnahme erschwert. Optimal ist eine Einkürzung von jeweils 3 bis 4 cm. Bevor die Stiele ins Wasser kommen, müssen sie im gesamten feuchten Bereich von Blättern befreit werden. Die Vase selbst muss völlig sauber sein. Entgegen mancher Annahme mag die Rose kein sauerstoffhaltiges, kaltes Wasser; daher ist lauwarmes Wasser zu verwenden, das langsam eingelassen werden sollte. Zusätzlich können als Konservierungsmittel eine Priese Zucker oder die handelsüblichen Präparate aus der Floristik beigegeben werden. Die Lebensdauer der Rosen wird weiterhin durch kühle, aber frostfreie Temperaturen, die Vermeidung direkter Sonnenbestrahlung und einen vor Zugluft geschützten Platz verlängert.

Unten: Buntes Rosen-Potpourri mit einfach-überzeugenden Deko-Partnern aus Hortensienblüten, Apfel und Lavendel.

Potpourri oder Gaumenfreude?

Auch außerhalb der Blühsaison ist es möglich, sich die Faszination der Rose für Auge und Nase zu erhalten. Kunstvoll gestaltete bunte Potpourris in Schalen, betörend süße Duftsäckchen und aromatisches Rosenöl für Duftlampen sind nur einige der zahlreichen Sinnesgenüsse.
Für Potpourris verwendet man am besten flache, ausreichend große Schalen aus Glas, Keramik oder auch Silber. Antike Exemplare harmonieren mit dem romantischen Charakter der Rose besonders gut. Zwar sind Duftrosen für Auge und Nase zugleich die attraktivsten Rosen für Potpourris, jedoch können auch alle anderen Rosenblüten verwendet werden. Die Dekoration mit getrockneten Lavendelsträußchen, Früchten und Blättern bringt eine besondere Note ins Spiel.
Für Duftsäckchen, die am besten aus Baumwolle sein sollten, eignen sich ausschließlich duftende Rosen. Tipps für wundervolle Duftrosen sind auf Seite 92 zu finden.
Die Herstellung von Rosenöl und Rosenwasser ist relativ aufwändig und wird im Normalfall Spezialbetrieben vorbehalten bleiben. Bei nicht fachgerechter Herstellung und falscher Dosierung, insbesondere als Kosmetika, können Hautreizungen auftreten. Sicherer ist hierbei der Erwerb der im Handel angebotenen Rosenprodukte (z. B. Weleda-Rosenöl für den Körper). Das als Zutat bzw. natürliches Aroma für zahlreiche Produkte und Speisen eingesetzte Rosenwasser wird großenteils im Iran hergestellt, wo große Anbauflächen der Erzeugung von Rosenblüten vorbehalten sind. Einfacher herzustellen sind schon die im Folgenden beschriebenen, exklusiven Gaumenfreuden:

Leckerbissen mit Stil: Konfitüre und Creme aus Blüten und Hagebutten

Wenn die Familie oder Gäste mit ganz besonderen lukullischen Genüssen überrascht werden sollen, gelingt dies ganz bestimmt mit selbst gemachter Konfitüre oder Creme aus Rosen.

Rezept für Rosenblüten-Konfitüre

Benötigt werden zunächst 1 l duftender Blütenblätter (Tipps zu Duftrosen siehe S. 42), die zwei Minuten in 300 ml heißem Wasser ausgekocht werden. Die Flüssigkeit durchseien und mit dem Saft von zwei unbehandelten Zitronen, 450 g braunem Rohrzucker und 500 ml frischen Rosenblütenblättern erneut aufkochen, bis der Gelierpunkt

Rechts: Hagebutten, die prächtigen Früchte der Rosen, sind eine gesunde und schmackhafte Bereicherung des Speisezettels.

erreicht ist. Sind die Rosenblüten nur als Zusatzaroma gedacht, kann man zusätzlich auch 500 g Brombeeren oder Himbeeren mitkochen.

Rezept für Hagebutten-Konfitüre

Hagebutten-Marmelade oder -Konfitüre war in früherer Zeit eine weit verbreitete, gern gegessene und heute zu Unrecht etwas in Vergessenheit geratene Spezialität aus dem Mark der Hagebuttenfrüchte. Sie schmeckt nicht nur als Brotaufstrich ausgezeichnet, sondern auch als Füllung für von Krapfen oder als Zutat zu anderen Speisen ausgezeichnet. Durch seinen hohen Vitamingehalt ist das Hagebuttenmark gerade in der kalten Jahreszeit besonders wertvoll und gesund. Die reichste Ausbeute liefern die riesigen, breit-kugeligen Früchte von *Rosa rugosa*, aber es können im Grunde alle unbeschädigten, reifen Hagebutten verwendet werden.

Zur Herstellung der Konfitüre werden die voll ausgereiften Hagebutten gewaschen, von den Stielen befreit, anschließend halbiert, ausgekernt und mit etwas Weißwein übergossen. Diese Masse lässt man nun an einem kühlen Ort einige Tage stehen, wobei man sie gelegentlich umrühren sollte. Dann wird sie durchpassiert und man erhält das Hagebuttenmark. Wer das Mark nicht selbst herstellen möchte, kann es auch fertig kaufen. Zur Bereitung der Konfitüre werden nun gleiche Anteile von Hagebuttenmark und Zucker mit 1 bis 2 TL Zitronensaft etwa 5 bis 10 Minuten aufgekocht. Von der Kochselle nehmen, in heiße Gläser füllen, verschließen

Rezept für Hagebutten-Creme

Eine selten kredenzte Köstlichkeit ist das folgende Dessert-Rezept, das den bekannten Weinschaum- und anderen Cremes geschmacklich glatt den Rang abläuft. Zur Herstellung werden 1/8 l Wasser, ein Glas Weißwein und 500 g Hagebuttenmark verrührt. Anschließend 4 Eigelb mit 200 g braunem Rohrzucker und der geriebenen Schale einer unbehandelten Zitrone schaumig schlagen, dann 8 EL Hagebuttenmark und 6 bis 7 aufgelöste Blatt Gelatine zugeben. Die Masse halbsteif rühren. Sahne schlagen, gut die Hälfte davon mit dem Schnee von 4 Eiweiß zur Masse geben und verrühren. Die fertige Creme kalt stellen. Vor dem Servieren noch mit der restlichen Sahne, dem Mark und einigen Hagebutten verzieren.

Links: Starkwüchsige Rambler-Rosen wie etwa *Rosa filipes* 'Kiftsgate' oder 'Bobby James' können auch große Laubengänge und Pavillons überwachsen.

Rechts: Traumhafter Durchblick: Ein Rosenbogen gibt den Blick auf eine von Frauenmantel (*Alchemilla mollis*) gesäumte Rabatte frei.

Pflanzideen für den Rosengarten

Mit traumhaften Beispielen zum Erfolg

Auf der Grundlage der vorangegangenen Ausführungen kann es an die konkrete Gestaltungsplanung gehen. Wenn auch das Wissen um die Eigenschaften, die Ansprüche und die Pflege der Rose eine wichtige Voraussetzung für den Erfolg ist, so wird der Rosengärtner doch am besten aus dem Beispiel konkreter Pflanzvorschläge lernen. Die folgenden zehn Beispiele wundervoller Rosengärten sollen dazu anregen, mit Hilfe der angeeigneten Kenntnisse individuelle Gestaltungsideen zu entwickeln. Sämtliche Vorschläge können im Ganzen übernommen werden; aber selbstverständlich ist es auch möglich, nur einzelne Teile herauszugreifen oder Ausschnitte verschiedener Planungsbeispiele zu einem neuen, individuellen Traumrosengarten zu kombinieren, der ganz Ihren Vorstellungen entspricht.

Duftrosen um die Terrasse

Die Renaissance des Duftes

Die Wichtigkeit des Duftes bei Rosen war lange Zeit in Vergessenheit geraten, da sich bis zu Beginn der achtziger Jahre das Augenmerk der Züchter einige Jahrzehnte lang auf das Aussehen der Blüten konzentriert hatte – insbesondere auf solche in der typischen Form der Edelrose. Nach wie vor sind gut duftende Edelrosen die Ausnahme. Insbesondere bei den für die Floristik bestimmten Rosensorten ging der Duft größtenteils verloren. Schnittblumen müssen in der Vase sehr lange haltbar sein, starker Duft und lange Haltbarkeit schließen sich jedoch gegenseitig weitgehend aus. Seit einigen Jahren wird aber zusammen mit der romantischen Ausstrahlung historischer Rosenblüten die sinnliche Qualität ausgeprägten Duftes als angestammte Eigenschaft der Rose wieder entdeckt. Insbesondere dem berühmten britischen Züchter David Austin (siehe auch Seite 66) gelang es, dem Großteil seiner Englischen Rosen einen wunderbaren Duft mitzugeben.

Augenweide und Dufterlebnis am Sitzplatz

Der vorliegende Planungsvorschlag kombiniert die Ästhetik perfekter Rosen und die Faszination intensiven Dufts zu einem vollkommenen Erlebnis. Auch in den übrigen Planungsvorschlägen dieses Buches finden sich natürlich zahlreiche duftende Rosen, hier jedoch sind ausschließlich Schönheiten mit gutem Duft versammelt. Sowohl der zum Planungsvorschlag gehörende Pflanzschlüssel als auch die im nebenstehenden Kasten aufgeführten Rosen geben zahlreiche Anregungen für schön duftende Rosen.

Der Sitzplatz als gestalterisches Zentrum

Im Grunde sind alle Bestandteile und Elemente dieses kleinen, etwa 90 m² großen Gartens auf das Grundelement des Sitzplatzes abgestimmt. Die nahe am Haus platzierte Terrasse ist mit großen Feldsteinen belegt, in den offenen Fugen gedeihen Frauenmantel (*Alchemilla mollis*) und Steinbrech (*Saxifraga umbrosa*) in einer solch natürlichen Anmut, dass es scheint, als sei das Plätzchen lange sich selbst überlassen gewesen. Auf allen vier Seiten wird die Terrasse von einem filigran

Oben: An den Säulen oder Stützen von Pergolen können duftende Kletterrosen emporwachsen.

Die schönsten Duftrosen

- 'Blossomtime' (Strauchrose, Blüte rosa bis silbrig rosa, ca. 2 m hoch)
- 'Constance Spry' (Englische Rose, rosa, ca. 2 m hoch)
- 'Duftwolke' (Edelrose, dunkel korallenrot, ca. 70 cm hoch)
- 'Eglantyne' (Englische Rose, hellrosa, ca. 1 m hoch)
- 'Golden Celebration' (Englische Rose, goldgelb, ca. 1,2 m hoch)
- 'Happy Child' (Englische Rose, dunkelgelb, ca. 1 m hoch)
- 'Heritage' (Englische Rose, silbrig rosa, ca. 1,2 m hoch)
- 'Hero' (Englische Rose, kräftig rosa mit gelber Mitte, ca. 1,2 m hoch)
- 'Hidalgo' (Edelrose, blutrot, ca. 1 m hoch)
- 'Ilse Krohn Superior' (Kletterrose, weiß, ca. 4 m hoch)
- 'Margaret Merill' (Beetrose, weiß, ca. 60 cm hoch)
- 'Papa Meilland' (Edelrose, tief dunkelrot, ca. 80 cm hoch)
- *Rosa* x *alba* 'Suaveolens' (Historische Strauchrose, einmal blühend, weiß, ca. 2 m hoch)
- *Rosa centifolia* 'Muscosa' (Historische Strauchrose, einmal blühend, rosa, ca. 1,5 m hoch)
- *Rosa gallica* 'Versicolor' (Historische Strauchrose, einmal blühend, karminrot-weiß, ca. 2 m hoch)
- 'St. Cecilia' (Englische Rose, hellrosa bis apricot, ca. 1 m hoch)
- 'Winchester Cathedral' (Englische Rose, weiß, ca. 1 m hoch)

Pflanzschlüssel für den Duftrosen-Garten

1. Terrasse, belegt mit Feldsteinen, mit Fugenbewuchs aus Frauenmantel (*Alchemilla mollis*) und Steinbrech (*Saxifraga umbrosa*)
2. Rankkonstruktion mit Kletterrosen 'New Dawn', 'Mme. Alfred Carrière' und 'Zéphirine Drouhin'
3. Rosenbeet mit *Rosa gallica* 'Officinalis', 'Mme. Pierre Oger' und *Rosa rugosa* 'Dagmar Hastrup'
4. Strauchrose 'Ilse Haberland'
5. Historische Strauchrose 'La Reine Victoria'
6. Englische Rose 'Gertrude Jekyll'
7. Rotdorn (*Crataegus laevigata* 'Paul's Scarlet') mit Kletterrose 'White Cockade' und Clematis 'Mme Le Coultre' und 'The President' sowie *Clematis alpina*
8. Beetbepflanzung mit Beetrose 'Margaret Merill' und *Clematis x jouiniana*
9. Randbepflanzung aus Salbeisorten (*Salvia nemorosa*, *Salvia nemorosa* 'Ostfriesland' und *Salvia nemorosa* 'Blauhügel')

konstruierten, großenteils offenen Gerüst aus hellrot gestrichenem Holz begrenzt, das den Himmel sehen und die für Rosen höchst willkommenen Sonnenstrahlen ungehindert durchkommen lässt. An dieser Konstruktion, die nur aus vier Ranksäulen und vier waagerechten Verbindungselementen in Über-Kopf-Höhe besteht, wachsen die legendären Kletterrosen 'New Dawn', 'Mme. Alfred Carrière' und 'Zéphirine Drouhin' empor. Am Boden werden Terrasse und Rankkonstruktion von einem duftenden Rosenbeet umgrenzt, das mit mehreren Exemplaren wie *Rosa gallica* 'Officinalis', 'Mme. Pierre Oger' und *Rosa rugosa* 'Dagmar Hastrup' bepflanzt ist.

Ein Blütenteppich aus Rosen und Clematis

Vom Haus führt ein Weg unter dem Rankgerüst und zwischen den Rosen 'Ilse Haberland', 'La Reine Victoria' und 'Gertrude Jekyll' hindurch in den Garten.
Abgesehen von dem grasbewachsenen Pfad besteht der Garten praktisch ausschließlich aus Pflanzfläche. Dabei nehmen vier Rotdorn-Hochstämme das Stilprinzip der vier Ranksäulen auf und lassen an sich die Kletterrose 'White Cockade', die großblumigen Clematis-Hybriden 'Mme Le Coultre' und 'The President' sowie die kleinblumige *Clematis alpina* hinaufwachsen. Als Unterpflanzung fungieren zahlreiche Exemplare der Beetrose '*Margaret Merril*' zusammen mit der sehr gut als Bodendecker einzusetzenden, blau blühenden *Clematis x jouiniana*. Eine Randbepflanzung aus violettblauen Salbeisorten (*Salvia nemorosa*, *Salvia nemorosa* 'Ostfriesland' und *Salvia nemorosa* 'Blauhügel') schließt den Garten nach außen ab.

Der Sitzplatz unterm Rosen-Baum

Was kann idyllischer sein als der Aufenthalt unter einem romantisch von Rosen überwachsenen Baum? Beschirmt von der Baumkrone und umgarnt von den blühenden Rosentrieben lässt es sich wunderbar den eigenen Gedanken nachhängen und Kraft tanken für neue Aufgaben.

Rund um den Baum

Das Zentrum des Sitzplatzes bildet ein Hochstamm, in diesem Fall ein Scharlachdorn (*Crataegus x coccinea*). Im Frühjahr bildet er reizvolle weiße Blüten, später im Jahr erfreut er durch seinen roten Fruchtbehang. Durch sein zurückhaltendes Wachstum und sein nicht zu dichtes Blätterkleid ist der Scharlachdorn ein perfekter Partner für Kletterrosen und Clematis. Alternativ ließen sich etwa auch Hochstamm-Apfelbäume oder Zierkirschen einsetzen.
Eine Rundbank bietet Gelegenheit zum Sitzen und bildet zugleich die Begrenzung der Pflanzfläche. Zu ihren Füßen wurde ein Ring aus frostharten, ziegelroten Klinkern verlegt, in deren Fugen sich der Frauenmantel wohl fühlt. Da diese wolkenartig blühende Staude nicht sehr anspruchsvoll hinsichtlich der Belichtung ist, macht ihr der Schatten der Bank nichts aus.

Rosen in allen Etagen

Um den Stamm bilden die wüchsigen, schon klassisch zu nennenden Beetrosen 'Betty Prior' und 'Smarty' über die ganze Saison hinweg bunte Farbenberge in den unteren Stockwerken. Man kann diese beiden Rosen jährlich zurückschneiden, aber auch einmal zwei bis drei Jahre lang ungehindert wachsen lassen, bis ihre Blüten zu weit nach oben wandern. Das Zusammenpflanzen dieser beiden Rosen ist unter anderem wegen ihrer Gemeinsamkeiten – einfache Blüten und kräftiger, aufrechter Wuchs – wie auch wegen ihrer Unterschiede in der Blütenfarbe besonders reizvoll. Aus diesem Rosenblütenmeer entspringen die – durch die Unterstützung von Rankhilfen – am Stamm des Baumes empor wachsenden Kletterrosen 'Christine Wright', 'Super Dorothy' und 'Super Fairy', die mit verschiedenen *Clematis*-Sorten eine perfekte farbliche Symbiose bilden.

Oben: Alternative zum Baum-Sitzplatz: Entspannung unterm Rosenbogen.

Pflanzschlüssel für den Sitzplatz unterm Rosen-Baum

1. Frauenmantel (*Alchemilla mollis*) als Fugenbewuchs und Bankunterpflanzung
2. Beetrose 'Betty Prior'
3. Beetrose 'Smarty'
4. Scharlachdorn (*Crataegus x coccinea*)
5. Kletterrose 'Christine Wright', 'Super Dorothy' und 'Super Fairy'
6. Clematis-Hybriden 'Perle d' Azur', 'Twilight', 'Ernest Markham' und 'Violet Charm'

Ein Pavillon für Romantiker

Liebesträume spielen sich gerne in romantischen Pavillons ab, die einen schier undurchdringlichen, wunderschönen Kokon um die Liebenden bilden. Aber von Rosen überwachsene Pavillons ziehen nicht nur unsterblich Verliebte an, sondern laden auch einfach zu einem wunderschönen und stimmungsvollen Aufenthalt oder zur gemütlichen Kaffeerunde ein.

Märchenplatz und Kletterhilfe

Pavillons oder Lauben können auf vielerlei Weise gestaltet und konstruiert sein, sollten aber immer reichlich Platz für an ihnen empor wachsende Rosen und Kletterpflanzen bieten.

In diesem vorgestellten Planungsbeispiel besteht die filigran gestaltete Unterkonstruktion aus Holz; die tragenden Stützen sind ockergelb lasiert, die dazwischen montierten, mit Rundbögen abschließenden Rankhilfen in einem dunklen Blau-Grün gestrichen.

Diese Grundkonstruktion trägt ein sechseckiges, mit Kupferblech verkleidetes Dach, über dem sich wiederum gebogene Rundstäbe aus blau-grünem Stahl spannen; daran können sich die Triebe der Kletterrosen und der Clematis festhalten und so den ganzen Pavillon dornröschenhaft überwachsen. Eine eiserne Wetterfahne als Dachreiter krönt die Spitze des Pavillons.

Pflanzschlüssel für den romantischen Pavillon

1. Rosen und Clematis am Pavillon mit Kletterrosen 'Félicité et Perpetué', 'Veilchenblau' und 'New Dawn', *Clematis x durandii*, Clematis 'Lasurstern', *Clematis viticella* 'Etoile Violette', *Clematis macropetala*, Clematis 'Rouge Cardinal' und Hopfen (*Humulus lupulus*)
2. Stammrose 'Rosarium Uetersen'
3. Beetbepflanzung an der Böschung mit Bodendeckerrosen 'Swany' und 'The Fairy', Perovskien (*Perovskia abrotanoides*) und Glockenblume (*Campanula glomerata*)
4. Beetsaum an der Treppe mit Storchschnabel (*Geranium x magnificum*)
5. Bewuchs zwischen den Trittsteinen (*Geranium sanguineum*)
6. Ranksäulen mit Kletterrosen 'Ilse Krohn Superior' und 'Super Dorothy', Clematis 'Jackmanii' und Clematis 'Mme Le Coultre'
7. Eibenhecke (*Taxus media* 'Hicksii')

Bauanleitung für den Pavillon

Handwerklich geschickte Rosenfreunde können den hier gezeigten märchenhaften Pavillon ohne Schwierigkeiten gemäß der folgenden Anleitung nachbauen:

- Zunächst werden für die Herstellung der tragenden Konstruktion Vierkanthölzer für die Stützen und die darauf aufliegenden Sparren benötigt. Je geringer der Querschnitt der Hölzer ist, desto leichter und filigraner wirkt der Pavillon, jedoch sollte er mindestens 8 x 8 cm betragen.
- Aus Stabilitätsgründen müssen die sechs an den Eckpunkten des Pavillons platzierten Stützen mit Hilfe von Stahlschuhen einbetoniert werden. Für die Herstellung der Punktfundamente eignen sich am besten sechs Betonringe, die mit Beton ausgegossen werden und die Stahlschuhe aufnehmen. Zum Schutz des Hirnholzes vor Feuchtigkeit sollten die Stützen bereits vor der Montage mit einer biologischen Holzschutzlasur gestrichen werden. Damit das Regenwasser gut ablaufen kann, verwendet man an zwei Seiten offene Stahlschuhe.
- Wenn der Beton ausgehärtet ist, können die Stützen montiert und gerade ausgerichtet werden. Darauf folgt die Montage der Sparren für die Dachkonstruktion. Sofern die handwerklichen Fähigkeiten und die Ausrüstung (Kappsäge!) nicht ausreichen, kann die Dachkonstruktion auch bei einem Schreiner- oder Zimmermannsbetrieb in Auftrag gegeben und fallweise komplett mit der Dachdeckung angeliefert werden. Alternativ kümmert sich auch jeder Spenglerbetrieb um die Montage des Kupferdaches. Um die typische Optik des Grünspans zu erzielen, ist entsprechend vorbehandeltes Kupfer zu verarbeiten.
- Die sich über das Dach spannenden Rundstäbe und der Dachreiter werden am besten bei einer Schlosserei in Auftrag gegeben.
- Ist die Tragkonstruktion mit dem Dach fertig gestellt, können die 'Wände' des Pavillons mittels Stahlwinkel zwischen den Stützen eingehängt werden. Die einzelnen Elemente dieser Rankgerüste werden vorher komplett montiert und gestrichen. Vierkanthölzer mit einem Querschnitt von 4 x 4 cm für den äußeren Rahmen sowie für die Längs- und Quersprossen besitzen ausreichende Festigkeit und wirken dennoch filigran. Um den in unserem Beispiel vorhandenen Rundbogenabschluss herzustellen, kann man sich eines handwerklichen Tricks bedienen: Statt der sonst verwendeten Hölzer können flache, biegsame Leisten eingesetzt und am Scheitelpunkt des Bogens fixiert werden.

Rückzugsraum und Aussichtsplatz zugleich

Unser Pavillon bildet das Zentrum eines in sich abgeschlossenen Platzbereiches, der durch die im Hintergrund gepflanzte, hohe Eibenhecke gleichsam wie ein Zimmer im Grünen wirkt. Die etwas erhöhte Lage verdeutlicht zusätzlich die zentrale gestalterische Bedeutung des Pavillons. Eine Treppe mit Trittstufen aus Granitblöcken und Setzstufen aus unregelmäßig behauenen, ebenfalls grauen Natursteinen überbrückt den Höhenunterschied vom Niveau des Rasens zum stilvollen Sitzplatz im Inneren des Pavillons. Die rings um den Pavillon aufgeschüttete, etwa 50 cm hohe Böschung ist mit reizvollen Rosen, Halbsträuchern und attraktiv blühenden Stauden bepflanzt. Ganz oben fanden die Kletterrosen und die Clematis ihren Platz. Die Rosen und Stauden beschatten gleichzeitig den Fuß der Clematis. Zur Begrünung des Pavillons wurden je zwei Exemplare der Kletterrosen 'Félicité et Perpetué', 'Veilchenblau' und 'New Dawn' zusammen mit *Clematis x durandii*, Clematis 'Lasurstern', Clematis viticella 'Etoile Violette', *Clematis macropetala* und Clematis 'Rouge Cardinal' sowie dem wüchsigen Hopfen (*Humulus lupulus*) eingesetzt. Zwei etwa 150 cm hohe Trauerstämmchen ('Rosarium Uetersen') markieren am Fuß des Beetes die Mitte des Pavillons.

Reizvolle Begleiter: Rosenüberwachsene Ranksäulen

Palastwachen gleich flankieren zwei obeliskenartige Ranksäulen den Pavillon und begrenzen zusammen mit der Eibenhecke den vorhandenen Raum. Die aus filigranem Vierkantstahl gefertigten Ranksäulen wurden in unserem Beispiel dunkelblau-grün pulverbeschichtet. An ihnen halten sich jeweils die weiße Kletterrose 'Ilse Krohn Superior' und die rosa 'Super Dorothy' fest. Die Rosen bilden eine wunderschöne Einheit mit den großblumigen Clematis 'Jackmanii' und 'Mme Le Coultre'.

Unten: Rosen an Ranksäulen bilden blühende Blickfänge.

Doppelter Genuss: Ein Rosengarten am Wasser

In diesem Planungsbeispiel bilden Haus- und Vorgarten, obgleich räumlich klar durch das Wohngebäude getrennt, eine eng verbundene gestalterische Einheit. In beiden Bereichen tritt das Element Wasser in Beziehung zu prachtvollen Rosenarrangements.

Die Schönheit und Anmut der Rose kombiniert mit der entspannenden Wirkung des Wassers – was kann es für Geist und Seele Harmonischeres geben?

Pflanzschlüssel für den Rosengarten am Wasser

Vorgarten:

1. Wasserbecken
2. Beete am Eingang mit Rosen 'Margaret Merril', 'Eden Rose '85' und 'Märchenland'
3. Beeteinfassung aus Heiligenkraut (*Santolina chamaecyparissus*)
4. Fassadenbewuchs mit Rose 'Raubritter' und Clematis 'Jackmanii'
5. Strauchrose 'Clair Matin'

Hausgarten:

6. Teich mit Seerosen
7. Englische Rose 'Hero'
8. Englische Rose 'Cymbaline'
9. Englische Rose 'St. Cecilia'
10. Stauden im Teichrandbeet: Sumpfdotterblume (*Caltha palustris*), Sumpf-Vergissmeinnicht (*Myosotis palustris*), Sumpf-Schwertlilie (*Iris pseudoacorus*), Baldrian (*Valeriana officinalis*), Blutweiderich (*Lythrum salicaria*), Wiesenraute (*Thalictrum aquilegifolium* und *T. dipterocarpum*), Frauenmantel (*Alchemilla mollis*) als Randbepflanzung.
11. Strauchrose 'Marguerite Hilling' und Englische Rose 'Eglantyne' mit Wiesen-iris (*Iris sibirica*) und Glockenblume (*Campanula latifolia* und *C. lactiflora*)
12. Chinesische Goldrose (*Rosa hugonis*) mit Kaukasus-Vergissmeinnicht (*Brunnera macrophylla*)
13. Englische Rose 'Graham Thomas' mit Geißbart (*Aruncus dioicus*), Schwertlilie (*Iris germanica*) und Teppich-Phlox (*Phlox subulata*)
14. Wildrose *Rosa rugosa*
15. Wildrose *Rosa rubrifolia*

Der Vorgarten: Schmal, aber mit Sinn und Stil

Den Besucher empfängt hier ein höchst einladender Eingangsweg, der beidseitig von attraktiven Rosen ('Margaret Merill', 'Eden Rose '85' und 'Märchenland') und erhöht liegenden Wasserbecken flankiert wird. Vor dem Eintreten kann sich der Besucher erfrischen; beim Hinabbeugen zur Wasserquelle umfängt ihn der Duft der Rosen.
Der Wegebelag besteht aus hellem Kleinstein-Mosaik. Eine Einfassung aus Granit-Kleinsteinpflaster grenzt den Beetbereich zusammen mit einer Bepflanzung aus Heiligenkraut (*Santolina chamaecyparissus*) ab. An der Hausfassade links des Eingangs erklimmen die hier als Kletterrose eingesetzte 'Raubritter' und die Clematis 'Jackmanii' ein Rankgerüst. Der aufgeweitete, gekieste Bereich ganz links wird von der 2 m hoch und breit wachsenden Strauchrose 'Clair Matin' beherrscht.

Blütenerlebnis um den Gartenteich

Den Hausgarten betritt man über eine organisch geformte, mit weißem Kleinstein-Mosaik belegte Terrasse, die mit senkrecht gestellten Tonklinkern eingefasst wird. Die Beetflächen sind passend zum Terrassenbelag ebenfalls mit weißem Kleinstein-Mosaik eingerahmt. Das Rot der Terrasseneinfassung nimmt den am rechten Grundstücksrand entlanglaufenden Weg aus unregelmäßig geformten Porphyr-Trittplatten auf. Den Mittelpunkt der Planung bildet der organisch geformte Teich, auf dem sich Seerosen ausgebreitet haben. Die Teichrandbepflanzung besteht aus Feuchtigkeit liebenden Stauden (etwa Sumpfdotterblume, Sumpf-Vergissmeinnicht, Sumpf-Schwertlilie und Iris). Von links nach rechts versammeln sich in diesem Beet mehrere Exemplare der Strauchrosen 'Hero' und 'Cymbaline', an der rechten Ecke, nahe der Terrasse wurde ein einzelnes Exemplar der wunderbar duftenden 'St. Cecilia' platziert. Als Blütenpartner fungieren insbesondere der Baldrian (*Valeriana officinalis*), der Blutweiderich (*Lythrum salicaria*), die Wiesenraute (*Thalictrum aquilegifolium* und *T. dipterocarpum*) sowie der rundum als blühender Saum eingesetzte Frauenmantel (*Alchemilla mollis*).

Den Garten organisch begrenzen

Das große, an der linken Grundstücksgrenze harmonisch entlanggeführte Beet versammelt die im-

Rechts: Vorbildliches Beispiel für die Gestaltung und Höhenstaffelung einer gemischten Rabatte, in diesem Fall kombiniert mit rosenüberwachsener Pergola und Pavillon. Eine Baumreihe bildet den ruhigen Hintergrund.

Pflanzschlüssel für die Rabatte im englischen Stil

1. Glockenblume (*Campanula poscharskyana*)
2. Frauenmantel (*Alchemilla mollis*)
3. Wollziest (*Stachys lanata*)
4. Perovskie (*Perovskia abrotanoides*)
5. Ehrenpreis (*Veronica longifolia*)
6. Baldrian (*Valeriana officinalis*)
7. Diptam (*Dictamnus albus*)
8. Englische Rose 'St. Cecilia'
9. Englische Rose 'Graham Thomas'
10. Englische Rose 'Lilian Austin'
11. Englische Rose 'Hero'
12. Historische Rose 'La Reine Victoria'
13. Historische Rose 'Rosa mundi'
14. Historische Rose 'Fantin Latour'
15. Strauchrose 'Lavender Lassie'
16. Vitis vinifera

posante Strauchrose 'Marguerite Hilling' sowie vier Exemplare der kleiner bleibenden, herrlich duftenden Englischen Rose 'Eglantyne'. Dazwischen erheben sich malerisch die Blütenstängel der Wieseniris (*Iris sibirica*) und der Glockenblumen (*Campanula latifolia* und *C. lactiflora*). Im linken hinteren Garteneck dominiert die höchst wertvolle, da sehr früh blühende Chinesische Goldrose (*Rosa hugonis*), unter der das gleichzeitig blühende Kaukasus-Vergissmeinnicht (*Brunnera macrophylla*) einen reizvollen Blüten- und Blätterteppich bildet. In Richtung Gartenausgang schließen drei gelb blühende, schmal aufrecht wachsende 'Graham Thomas' zusammen mit weißem Geißbart (*Aruncus dioicus*) und blauen Schwertlilien (*Iris germanica*) dieses Beet ab. Violetter Teppich-Phlox (*Phlox subulata*) bildet einen zarten Übergang zum Rasen. Schließlich schaffen Wildrosen (*Rosa rugosa* und *Rosa rubrifolia*) auf der rechten Seite des Porphyrplattenweges einen malerischen Anschluss an das Nachbargrundstück.

Im klassischen Stil: Ein englisches „mixed border" mit Rosen, Gehölzen und Stauden

Auch Elemente des typischen englischen Gartens können durchaus im eigenen Haus- und Vorgarten verwirklicht werden. Das klassische englische "mixed border" gewinnt seinen besonderen Reiz aus der gekonnten Kombination von Rosen, Stauden und Gehölzen beziehungsweise Kletterpflanzen, der genauen Farbplanung und der gezielten Höhenstaffelung. Meist bilden hohe Hecken oder – wie in diesem Fall – hohe Mauern einen reizvollen Hintergrund für die Rabatte. Vorne wird das Beet von einem Kiesweg begrenzt und begleitet.

Stauden und Rosen in perfekter Harmonie

Der durch eine Klinkereinfassung befestigte Weg geht ganz allmählich in die Rabatte über; niedrige Glockenblumen (*Campanula poscharskyana*) haben die Steine überwachsen und lassen so den Übergang ganz natürlich wirken, aber dennoch deutlich nachvollziehen. Dahinter bildet der gelbgrün blühende Frauenmantel (*Alchemilla mollis*) eine zweite, im Wuchs schon deutlich höhere Einfassung, bevor der reizvoll grau belaubte Wollziest (*Stachys lanata*) in die höheren Etagen überleitet. Zwischen den Rosen und unmittelbar rundherum erheben Perovskien (*Perovskia abrotanoides*), Ehrenpreis (*Veronica longifolia*), Baldrian (*Valeriana officinalis*) und Diptam (*Dictamnus albus*) ihre blauen, blauvioletten und weißen Blüten. Die Rosen wurden versetzt gepflanzt; nebeneinander aufgereiht würden sie weniger natürlich wirken. Dabei wurden die niedriger wachsenden Exemplare, etwa 'St. Cecilia', 'Graham Thomas', 'Lilian Austin' und 'Hero', weiter nach vorne gesetzt. In der hinteren Reihe versammeln sich legendäre Historische Rosen – 'La Reine Victoria', 'Rosa mundi' und 'Fantin Latour' – mit der reizvoll lavendelfarben überhauchten 'Lavender Lassie'.
Die hohe Mauer ist von stark wachsendem, ganzjährig reizvollen Wein bedeckt: links der sich im Herbst rot verfärbende *Vitis coignetiae* und rechts der Echte Wein (*Vitis vinifera*), der die eher triste Jahreszeit mit gelber Blattfärbung und blauen Trauben belebt. Zudem ergibt sich vor dem roten Hintergrund ein reizvolles Farbenspiel mit den letzten Rosenblüten der Englischen Rosen und der öfter blühenden 'Lavender Lassie', das den Sommer stimmungsvoll ausklingen lässt.

Links: Gelungenes Beispiel für eine steinerne Sonnenuhr, die im Kreuzungspunkt von Wegen platziert wurde.

Die Rose im Lustgarten

Der folgende Gestaltungsvorschlag vereint klare, geometrische Formen mit der märchenhaften Anmut der Rose. Die zentrale Sichtachse vom Haus zum Garten richtet sich auf die im hintersten Abschnitt platzierte Sitzbank. Sie erinnert bewusst an klassische Planungen von Lustgärten, besonders an die von Albertus Magnus, der einen Garten mit einer über Eck reichenden Grasbank entwarf. Zur Verbesserung des Sitzkomforts wurde die Bank in diesem Vorschlag durch einen Belag aus Klinkern ersetzt, die wahlweise durch Holzplanken ergänzt werden können. Alle Wegebereiche sind aufgekiest und als wassergebundene Decken hergestellt.

Geometrische Beete als räumliche Gestaltungsmittel

Gleichmäßige, ruhig gestaltete Beete unterteilen und fassen den Gartenraum, geben ihm Maß und Begrenzung; umso besser kommen hierdurch die Reize der Rosen und ihrer Begleiter zum Tragen.
Tritt man vom Haus in den Garten hinaus, schreitet man direkt an zwei entlang der Hauswand gelegenen Beeten vorbei, die von niedrigen Rosen dominiert werden – vorne die tiefrote Englische Rose 'Cardinal Hume', hinten die etwas höher werdende rosa 'Märchenland'. Teppichartiger, weiß panaschierter Thymian (*Thymus citriodorus* 'Silver Queen') bildet eine reizvolle Einfassung, die zusätzlich noch aromatisch duftet.

Vier Quadrate als ruhende Pole

Die Mitte des Gartens nehmen vier quadratische Beete ein, die einheitlich bepflanzt sind: Im Zentrum befindet sich die legendäre Historische Rose 'Souvenir de la Malmaison', die sich für die relativ kleinen Beete unter anderem durch ihre geringe Wuchshöhe bestens eignet. Ihre wunderbare zartrosa Farbe bildet einen pastellenen Gleichklang mit der duftenden weißen Beetrose 'Margaret Merril'. Dazwischen spitzen die langen, schmal-lanzettli-

Pflanzschlüssel für den Rosen-Lustgarten

1. Beete am Haus mit Einfassung aus Thymian (*Thymus citriodorus* 'Silver Queen'), der Englischen Rose 'Cardinal Hume' und der Beetrose 'Märchenland'
2. Quadratische Beete mit der Historischen Rose 'Souvenir de la Malmaison', der Beetrose 'Margaret Merill' und Waldmarbel (*Luzula nivea*)
3. Äußere Langbeete mit Einfassung aus Lavendel (*Lavandula angustifolia*), Beetrose 'Lavender Dream' und Kletterrose 'Compassion'
4. Sitzbank
5. Hochbeete mit Englischer Rose 'Chaucer', Perovskie (*Perovskia abrotanoides*) und Bartblume (*Caryopteris x clandonensis* 'Heavenly Blue')
6. Historische Strauchrose 'Roseraye de l'Haye'
7. Beetrose 'Mutabilis'
8. Strauchrose 'Blossomtime'
9. Strauchrose 'Conrad Ferdinand Meyer'
10. Kletterrosen 'Gloire de Dijon' und 'Gerbe Rose'
11. Lilien (*Lilium candidum*)
12. Japan-Anemonen (*Anemone japonica* 'Honorine Jobert')
13. Herbstaster (*Aster ericoides* 'Schneetanne'

chen Blätter und weißen Blüten der Waldmarbel (*Luzula nivea*) hervor.

Einfassungsrabatten geben Begrenzung

Rechts und links der quadratischen Beete säumt jeweils eine etwa 2 m tiefe Rabatte auf der gesamten Länge des Gartens die Wege. Den hinteren Abschluss bilden mehrere Kletterrosen der Sorte 'Compassion', weiter vorne wurden zahlreiche Exemplare der rosa bis lavendelfarbigen Beetrose 'Lavender Dream' gepflanzt, die bestens mit der Einfassung aus Lavendel (*Lavandula angustifolia*) harmonieren. Die gesamte Fläche der beiden Langbeete wurde aus gestalterischen Gründen mit weißen Kieseln abgedeckt.

Bank und Hochbeet als Gestaltungselement

Die Sitzbank als eigentlicher Ruhepunkt des Gartens bildet zusammen mit den links und rechts anschließenden Hochbeeten die Form eines 'U', wodurch die Geschlossenheit des Gartenraumes besonders betont wird. In den Ecken dieser Hochbeete wurde die Englische Rose 'Chaucer' platziert, deren zartrosa Schalenblüten von einer besonderen Eleganz sind und zudem einen herrlichen Duft verströmen. Zwei aromatische, blau blühende Partner flankieren jeweils die Rose: eine Perovskie (*Perovskia abrotanoides*) und eine Bartblume (*Caryopteris x clandonensis* 'Heavenly Blue'). Die Lavendel-Einfassung wurde auch in den Hochbeeten aufgenommen. Diese drei Blütenpartner garantieren einen anhaltend blauen Blütenflor von Juli bis Oktober.

Eine blühende Wand aus Strauchrosen und Kletterrosen

Unmittelbar hinter der Bank und dem Hochbeet bilden Strauch-, Kletterrosen und weiße Stauden den Abschluss des Gartens. Zentral im Rücken der Bank platziert ist die Historische Rose 'Roseray de l'Haye', rechts und links von ihr 'Mutabilis', 'Blossomtime' und 'Conrad Ferdinand Meyer'. An der Wand wachsen die Kletterer 'Gloire de Dijon' und 'Gerbe Rose' empor, im direkt anschließenden Beet haben sich Astern (*Aster ericoides* 'Schneetanne'),

Auch an Zäunen und Rankgerüsten (im Bild die Kletterrose 'American Pillar') können wie hier mit Hilfe einer Skulptur stimmungsvolle Szenen arrangiert werden.

Pflanzschlüssel für den wildromantischen Rosengarten

1. Ölrose (*Rosa alba* 'Suaveolens')
2. Historische Rose (*Rosa centifolia* 'Muscosa')
3. Historische Rose 'Ferdinand Pichard'
4. Beetrose 'Montana'
5. Margeriten (*Chrysanthemum arcticum* und *C. maximum*)
6. Boretsch (*Borrago officinalis*)
7. Katzenminze (*Nepeta x fassenii*)
8. Rosa alba 'Mme Legras de St. Germain'
9. Wildrose (*Rosa canina*)
10. Wildrose (*Rosa rubiginosa*)
11. Schwarzer Holunder (*Sambucus nigra*)
12. Strauchrose 'Marguerite Hilling'
13. Rambler-Rosen im Apfelbaum ('Rambling Rector' und 'Schatzkästlein')
14. Wildrose (*Rosa moyesii* 'Geranium')
15. Englische Rose 'Cymbaline'
16. Historische Rose 'Rose à Parfum de l'Hay'
17. Beet mit Kornblumen (*Centaurea cyanus*), einjährigem Feinstrahl (*Erigeron annus*), Johanniskraut (*Hypericum coris*) und Wiesenstorchschnabel (*Geranium pratensis*)

hinter der Bank Lilien (*Lilium candidum*) und Anemonen (*Anemone japonica* 'Honorine Jobert') versammelt.

Der wildromantische Rosengarten

Aus den Klostergärten gelangten die bewahrten und weiter kultivierten Rosenschätze auch in die einfachen Bauerngärten, in denen sie in neuem Kontext eingesetzt wurden. Will man heute einen natürlichen, einem Bauerngarten ähnlichen Rosengarten schaffen, sollte dieser unbedingt einige Wildrosen und Historische Rosen umfassen. Darüber hinaus sollte er die typischen Elemente des Bauerngartens aufweisen, insbesondere die vier quadratischen Beete und eine insgesamt natürliche Gesamtwirkung. Diese entsteht bei diesem Planungsvorschlag aus einem Gehölzsaum aus Wildrosen, Holunder und Apfelbaum, in den andere Rosen, Stauden und einjährige Blumen einbezogen wurden.

Rosenklassiker um die Sonnenuhr

Im Kreuzungspunkt der vier jeweils etwa 3 x 3 m großen Beete ist eine antike Sonnenuhr auf steinernem Sockel postiert. Ihr kreuzweise gegenüber wurden die seit langem

Weitere reizvolle Kletterrosen für Mauern und Zäune

'Albertine' (rosa; einmal, aber sehr reich blühend)
'Bantry Bay' (rosa, öfter blühend)
'Flammentanz' (rot; einmal, aber sehr reich blühend)
'Golden Showers' (gelb, dauerblühend)
'Grandessa' (Syn. 'Messire Delbard', blutrot, dauerblühend)
'Ilse Krohn Superior' (weiß, öfter blühend)
'New Dawn' (silbrig rosa; öfter blühend)
'Rosarium Uetersen' (rosa, dauerblühend)
'Super Excelsa' (karminrot, öfter bis dauerblühend)
'Sympathie' (scharlachrot, öfter bis dauerblühend)

bekannte Ölrose (*Rosa alba* 'Suaveolens') und die für Bauerngärten ebenfalls typische Zentifolie *Rosa centifolia* 'Muscosa' gepflanzt. Weiße, zu unterschiedlichen Zeiten blühende Chrysanthemen, die durch Rückschnitt zu einer zweiten Blüte veranlasst werden können, und der als alte Gewürzpflanze bekannte Borretsch (*Borrago officinalis*) umrahmen die Alten Rosen. Die inneren Eckpunkte der Beete werden von vier der wunderbar zweifarbigen Historischen Rose 'Ferdinand Pichard' gebildet, die äußeren von der mittlerweile auch schon klassisch zu nennenden Beetrose 'Montana'. Die dazwischen durchlugende, wolkenartig wachsende Katzenminze (*Nepeta x fassenii*) harmoniert farblich hervorragend mit allen im Beet vertretenen Rosen.

Eine gemischte Rabatte von natürlicher Schönheit

Der organische Schwung des Gehölz- und Rosensaumes spiegelt den natürlichen Charakter der Gartenanlage wider. Das Grundgerüst bilden hierbei Historische Rosen und Wildrosen. Zur Abmilderung des Eckpunktes wurde dort eine wunderbar breit überhängend wachsende Alba-Rose (*Rosa alba* 'Mme Legras de St. Germain') platziert, deren etwas zurückversetzten Nachbarn die hoch wachsenden Wildrosen *Rosa canina* und *Rosa rubiginosa* sind. Beide harmonieren mit Hagebutten sehr gut wie auch mit den Blüten und Früchten des Holunders (*Sambucus nigra*). Am rechten oberen Eckpunkt breitet die rosa 'Marguerite Hilling' ihre mit zahlreichen Blüten übersäten Zweige über das Beet. Auf der gegenüberliegenden Seite wird ein Apfelbaum von Rambler-Rosen ('Rambling Rector' und 'Schatzkästlein') durchwachsen, davor befinden sich die unvergleichlich rot blühende *Rosa moyesii* 'Geranium', die Englische Rose 'Cymbaline' und die karmin- bis purpurrote 'Rose à Parfum de l'Hay'. Ausdauernd blühende Einjährige wie die blauen Kornblumen (*Centaurea cyanus*) und der weiße Feinstrahl (*Erigeron annus*) gedeihen zusammen mit Stauden wie dem goldgelben Johanniskraut (*Hypericum coris*) und dem hellblau-

Rechts: Ein dicht mit Blüten besetzter Zweig der einmal blühenden Strauchrose 'Nevada' spannt sich über einen Holz-Staketenzaun.

Pflanzschlüssel für den Rosengarten an Mauer und Zaun

1. Stauden in Mauerfugen: Steinbrech (*Saxifraga trifurcata*), Walzenwolfsmilch (*Euphorbia myrsinitis*) und Schleifenblume (*Iberis saxatilis*)
2. Kletterrosen 'Bantry Bay', 'Parkdirektor Riggers', 'Mme Grégoire Staechlin' und 'Albéric Barbier'
3. Kletterrosen am Zaun: 'Tausendschön', 'Pompon de Paris' und 'Lawinia'
4. Strauchrose 'Wilhelm'
5. Staudenbeet an der Mauer mit Geißbart (*Aruncus dioicus*), Knäuelglockenblume (*Campanula glomerata*), Rittersporn (*Delphinium x belladonna*), Storchschnabel (*Geranium himalayense* 'Johnson's Blue') und Astern (*Aster amellus*)

en Wiesenstorchschnabel (*Geranium pratensis*) ganz natürlich vor und zwischen den Sträuchern. Um den Apfelbaum herum geht der Beetbereich unmerklich in eine selten gemähte Wiese über.

Einladende Abgrenzung: Rosenschmuck an Mauer und Zaun

Manchem Rosenliebhaber steht für die Verwirklichung der eigenen Rosenträume nur ein sehr kleiner Bereich zur Verfügung, der auch noch als Sitzplatz sowie für verschiedene andere Zwecke dienen soll. Eine einfache Lösung dieses Problems besteht darin, seine Rosen einfach an den bestehenden Mauern und Zäunen empor oder entlang wachsen zu lassen. Dadurch entsteht der Eindruck eines dornröschenhaft umrankten Bereiches, der mit seinen mannigfaltigen Blütenfarben und -formen den Aufenthalt im Garten zum unvergleichlichen Erlebnis macht.

Eine Natursteinmauer als Blickfang

Gestalterisch ambitionierte Gärtner können für ihre Rosenschätze Platz an Sichtschutzwänden schaffen, die kunstvoll gestaltet werden können. In diesem Beispiel bieten zwei runde Aussparungen in der Wand reizvolle Durchblicke, die nach einiger Zeit malerisch von den Kletterrosen umrankt werden. Einige Fugen zwischen den Natursteinen der unverputzten Mauer bieten den Steingarten-Stauden Steinbrech (*Saxifraga trifurcata*), Walzenwolfsmilch (*Euphorbia myrsinitis*) und Schleifenblume (*Iberis saxatilis*) Platz zur Entfaltung.

Reizvolle Kletterrosen an der Gartenmauer

An der etwa 2,5 m hohen Mauer und dem etwa 1,5 m hohen Stakentenzaun ist genug Platz für mehrere Kletterrosen, die zur Blütezeit dann

harmonisch mit den Stauden in den Fugen und Beeten zusammenwirken. Für die Mauer wurden zum einen die rosa 'Bantry Bay' mit der roten 'Parkdirektor Riggers', zum anderen die zwei Historischen Rosen 'Mme Grégoire Staechlin' und 'Albéric Barbier' ausgewählt. Am Zaun ranken die rosa 'Tausendschön', 'Pompon de Paris' und die duftende, reich und dauerblühende 'Lawinia'. Die lavendelblaue Lasur des Gartenzaunes passt wunderbar zu den verschiedenen Rosatönen der Rosen. Den Übergang von der steinernen Mauer zum Staketenzaun mildert die hoch wachsende, robuste und lang blühende Strauchrose 'Wilhelm'. Die Spanndrähte für die Kletterrosen können mittels Dübeln in der Wand befestigt werden; verzinkte Stahldrähte oder Stahlseile sind haltbar, rostbeständig und ästhetisch deutlich ansprechender als kunststoffummantelte Ausführungen.

Stauden als Begleiter der Kletterrosen

Um die Rosen nicht auf der Rasenfläche vereinsamen zu lassen, was zumeist recht monoton und wenig

Oben: Traumhaft natürlich wirkendes Beet mit Rosen und Stauden. Vorne blau-grauer Wollziest (*Stachys lanata*), hinten die farblich sehr vielgestaltige Strauchrose 'Mutabilis'.

interessant wirkt, sollte auch in sehr kleinen Gärten wie diesem zumindest ein schmales Randbeet von etwa 1,5 m Tiefe vorgesehen werden, in dem reizvolle Blütenpartner versammelt sind. In diesem Beispiel handelt es sich um weiß blühenden Geißbart (*Aruncus dioicus*), violettblaue Knäuelglockenblume (*Campanula glomerata*), hellblauen Rittersporn (*Delphinium x belladonna*), hellblauen Storchschnabel (*Geranium himalayense* 'Johnson's Blue') und violette Astern (*Aster amellus*). Alle diese Stauden werden recht hoch und wirken daher besonders schön mit der blühenden Rosenmauer zusammen.

Ein Rosenbeet mit Charme

Rosenbeete waren lange Zeit – und sind es leider teils auch heute noch – recht leblose Ansammlungen von Edel-, Floribunda- oder Polyantha-Rosen in sauber abgestochenen Pflanzkarrees. Wenn auch die Rose so viel Anmut besitzt, dass sie durchaus für sich alleine wirkt, so werden monotone Beete ihrem besonderen Charme nicht ausreichend gerecht. Es gilt daher vor allem im Hausgarten, in dem meist keine überschüssige Pflanzfläche zu verschenken ist, fantasievolle und die ganze Rosensaison hindurch interessante Gestaltungslösungen zu finden. Bei diesem Planungsbeispiel wird das Rosenbeet dadurch spannend, dass die Rosenstars innerhalb des Beetes natürlich angeordnet und mit reizvollen Blütenpartnern kombiniert werden. Die Rosen stehen hier nicht

Pflanzschlüssel für das Rosenbeet mit Charme

1. Edelrose 'Duftwolke'
2. Edelrose 'Pascali'
3. Salbei (*Salvia nemorosa*)
4. Beetrose 'Europeana'
5. Beetrose 'Edelweiß'
6. Katzenminze (*Nepeta x faassenii* 'Six Hills Giant')
7. Strauchrose Rosa rugosa 'Alba'
8. Strauchrose Rosa rugosa 'Hansa'
9. Beetrose 'Queen Elizabeth'
10. Rittersporn (*Delphinium x cultorum*)
11. Salbei (*Salvia sclaerea*)
12. Edelrose 'Gloria Dei'
13. Beetrose 'Sonia Meilland'
14. Perovskie (*Perovskia abrotanoides*)
15. Beetrose 'The Fairy'
16. Bodendeckerrose 'Max Graf
17. Lavendel (*Lavandula angustifolia* 'Hidcote Blue')

Die wuchsfreudige Ramblerrose 'Veilchenblau' blüht früh und besitzt kleine, duftende halbgefüllte Blüten.

Weitere attraktive Beet- und Edelrosen

- 'Alexander' (Edelrose, hellrot bis orange, ca. 1 m hoch)
- 'Bonica '82' (Beetrose, rosa, ca. 50 cm hoch)
- 'Carina' (Edelrose, rosa, ca. 1 m hoch)
- 'Evening Star' (Edelrose, weiß, ca. 1 m hoch)
- 'La Sevillana' (Beetrose, rot, ca. 80 cm hoch)
- 'Lilli Marleen' (Beetrose, blutrot, ca. 60 cm hoch)
- 'Margaret Merill' (Beetrose, weiß, ca. 40 cm hoch)
- 'Michèle Meilland' (Edelrose, hellrosa, ca. 70 cm hoch)
- 'Montana' (Beetrose, rot, ca. 80 cm hoch)
- 'Nina Weibull' (Beetrose, rot, ca. 50 cm hoch)
- 'Red Yesterday' (Synonym: 'Marjori Fair', Beetrose, karminrot mit weiß, ca. 70 cm hoch)
- 'Sutter's Gold' (Edelrose, gelb, ca. 80–100 cm hoch)

wie Zinnsoldaten, sondern bilden mit der Begleitpflanzung eine organische Einheit. Zum hinteren Bereich des Gartens geht das Beet ganz natürlich in eine Rosenhecke über (*Rosa rugosa* 'Alba' vor *Rosa rugosa* 'Hansa').

Sitzplatz und Beet als Erlebnisplatz

Die mit großen quadratischen Granitsteinen gepflasterte Terrasse grenzt unmittelbar an das Beet, um den Sitzenden das Rosenerlebnis möglichst nahe zu bringen; für diesen Zweck eignet sich die berühmte 'Duftwolke' ganz besonders gut. Ihre roten Blüten leuchten zusammen mit dem Weiß der Edelrose 'Pascali' und dem Violettblau des Salbeis (*Salvia nemorosa*), das seine Ährenblüten zwischen den Rosen hindurchstreckt. Auf der entgegengesetzten Seite des Beetes bilden die rote 'Europeana' und die weiße 'Edelweiß' zusammen mit hell violettblauer Katzenminze (*Nepeta x faassenii* 'Six Hills Giant') das entsprechende gestalterische Pendant.

Berühmte Rosen in bester Gesellschaft

In der Mitte des Beetes erhebt die legendäre und hoch wachsende 'Queen Elizabeth' ihre makellosen, silbrig rosa Blüten. Um sie herum legt sich ein Ring aus kobaltblauem Rittersporn (*Delphinium x cultorum*) und rosa Salbei (*Salvia sclaerea*), der in einen zweiten Ring aus der nicht minder berühmten, reizvoll gelb bis rosa blühenden Edelrose 'Gloria Dei' übergeht. Vier Exemplare der ebenfalls aus Meillandscher Züchtung stammenden 'Sonia Meilland' fassen diese Ringstruktur. Nach rechts und links außen folgt jeweils eine Mischpflanzung aus hellviolett-blauen Perovskien (*Perovskia abrotanoides*), rosa 'The Fairy' und 'Max Graf'. Den seitlichen Abschluss bildet Lavendel (*Lavandula angustifolia* 'Hidcote Blue').

Rosen als Fassadenschmuck

Während Rosenliebhaber mit großen Gärten hinsichtlich der vorhandenen Pflanzfläche aus dem Vollen schöpfen können, sind viele andere auf nur wenige Quadratmeter um das Haus herum beschränkt. Dies ist besonders oft in Altstadt- beziehungsweise Innenstadtlagen der Fall, stellt sich aber auch sonst immer häufiger als großes Problem dar. Hier gilt es nun, den knapp vorhandenen Raum optimal auszunutzen. Um dieses Ziel zu ereichen, müssen zunächst einmal die unmittelbar ans Haus angrenzenden Streifen geschickt gestaltet werden; vor allem aber wird der Rosengärtner hier in der Senkrechten arbeiten müssen, da ihm die Hauswände die größte „Pflanzfläche“ bieten. Hierfür bieten sich stärker wachsende Kletterrosen, Clematis und andere Kletterpflanzen geradezu an, die an Spanndrähten oder Rankgerüsten gezogen werden können. Allerdings sollte bei der Pflanzenauswahl die Wuchsstärke der einzelnen Kletterer und damit ihre Verträglichkeit genau geprüft werden. Hinweise finden Sie ab Seite 64.
Klassisch und sehr empfehlenswerte Pflanzpartner für Kletterrosen sind neben Clematis vor allem die zahlreichen Sorten des Geißblatt.

Rechts: Stimmungsvolles Fassadendetail: Wie bei einem Märchenschloss ranken sich die Triebe einer Kletterrose um ein Fenster.

Pflanzschlüssel für die Rosen an der Hausfassade

1. Fassade am Eingangsbereich mit Kletterrose 'Morning Dawn' und *Clematis viticella* 'Etoile Violette'
2. Eingangsfassade mit Kletterrosen 'Gerbe Rose' und 'American Pillar', *Clematis recta* und Clematis 'Miss Bateman'
3. Englische Rose 'The Friar'
4. Kletterrosen 'Blaze Superior', 'Sympathie', und Rambler-Rosen 'Bobby James', 'Félicité et Perpétué'
5. Englische Rose 'Charles Austin'
6. Strauchrose 'Schneewittchen'
7. hohe Stauden an der Hauswand: Rittersporn (*Delphinium x cultorum*, *Delphinium x belladonna*) und Eisenhut (*Aconitum napellus*, *Aconitum x arendsii*)
8. Beetrose 'Lavender Dream'
9. Blauschwingel-Gras (*Festuca glauca*)

Blütenzauber rund um den Hauseingang

Der Eingangsbereich ist in seiner gestalterischen Wirkung besonders wichtig; wird man hier von üppig blühenden Rosenzweigen begrüßt, wirkt die gesamte Gestaltung schon sehr einladend. Im vorliegenden Planungsvorschlag breiten sich die öfter blühende, rosa Kletterrose 'Morning Dawn' und die *Clematis viticella* 'Etoile Violette' über dem Eingang aus; zusammen mit der dunkelrosa 'Gerbe Rose', der karminrot-weißen 'American Pillar', der niedrigen *Clematis recta* sowie der großblumigen weißen *Clematis* 'Miss Bateman' machen sie die Eingangsfassade zu einer blühenden Tapisserie. Zwei imposante Büsche der Englischen Rose 'The Friar' rahmen zusätzlich den Weg zur Eingangstür.

Eine Fassade in Rot und Weiß

Während die Eingangsfassade im Farbthema rosa-weiß-blau gehalten ist, dominieren um die Ecke herum die Farben Rot und Weiß. Mit der feurig scharlachroten 'Blaze Superior' und der samtig dunkelroten 'Sympathie' haben sich hier die weiße Rambler-Rose 'Bobby James' und die gleichfarbige 'Félicité et Perpétué' zusammengetan. All diese Rosen sind ausreichend wuchsfreudig, um Fassaden begrünen zu können.

Ein blühender Saum ums Haus

Während die beiden Fassaden unterschiedlichen Farbmottis folgen, fasst der Beetsaum die beiden Seiten farblich zusammen; hier findet sich das Rosa der Eingangsfassade in zarter Form bei der Englischen Rose 'Charles Austin' wieder und auf der Eingangsseite wurden mehrere Exemplare der wundervollen weißen Strauchrose 'Schneewittchen' platziert. Zwischen Kletterrosen und Strauchrosen recken violettblauer Rittersporn (*Delphinium x cultorum*, *Delphinium x belladonna*) und Eisenhut (*Aconitum napellus*, *Aconitum x arendsii*) ihre Blüten empor.
Damit leuchtet die Hauswand von Mai/Juni bis Okto-ber in blauer Pracht, die den Rosen im Beet und an der Fassade zusätzlichen Reiz verleiht. Der buschige Habitus der Rosen wird durch die hoch aufrecht wachsenden Stauden kontrastiert.
Eine umlaufende Bepflanzung mit der Rose 'Lavender Dream' und Blauschwingel-Gras (*Festuca glauca*) geben dem Arrangement eine Begrenzung und wirken doch sehr natürlich und organisch. Durch ihre Blau-Anteile harmonieren die Beetrose und das Gras farbich perfekt miteinander. Reizvoll ist auch der Gegensatz der Wuchs- und Blattformen.

Weitere Kletterrosen für die Begrünung von Fassaden, großen Pergolen und Laubengängen

'Elegance' (hellgelb, dicht gefüllte Blüten, einmal blühend)
'Paul Nöel' (gelblich rosa, dicht gefüllte Blüten; einmal, aber nachblühend)
'Raubritter' (rosa, dicht gefüllte, ballförmige Blüten, einmal blühend)
'Sanders White Rambler' (weiß, einmal blühend, spät)
'Seagull' (weiß; einmal, aber reich blühend)
'Super Dorothy' (rosa, öfter blühend)
'Super Fairy' (hellrosa, dicht gefüllte Blüten, öfter blühend)
'Veilchenblau' (purpurviolett, kleinblütig, einmal überreich blühend)

Rechts: Die Strauch- und Kletterrose 'Raubritter' gehört zu den romantischsten Erscheinungen unter den Rosen. Ihre zahlreichen, dicht gefüllten Blütenbälle kommen mit blau oder violett blühenden Partnern optimal zur Geltung.

Links: Die intensiv rosa und sehr reich blühende 'Marguerite Hilling' eignet sich besonders für große Gärten.

Rechts: Die reinweiße, filigrane Strauchrose 'Schneewittchen' belohnt Sorgfalt bei der Standortwahl mit ihrem wunderschönen, mehrmals im Jahr erscheinenden Blütenflor.

Die schönsten Rosen im Porträt

Die persönlichen Favoriten finden und richtig einsetzen

Mit dem Grundwissen über die Ansprüche, Besonderheiten und Pflegebedürfnisse sowie den gestalterisch optimalen Einsatz der Rose besitzen Sie das notwendige Grundwissen, um nun zum Kauf und zur Pflanzung schreiten zu können. Damit die eben erst gewonnene Übersicht beim Besuch in der Rosenschule oder Baumschule nicht gleich wieder verloren geht, gibt der nun folgende Porträtteil reiche Anregung für die Auswahl besonders schöner Rosensorten. Informationen zu Wuchs und Größe, Blütenfarbe, Blütenform und Blühdauer, zur Stärke des Duftes, zur Verwendung und zu speziellen Besonderheiten der einzelnen Rosen erlauben es, die für den eigenen Stil und die eigene Pflanzplanung am besten geeigneten Sorten auszusuchen. Neben öfter blühenden Strauchrosen finden sich auch viele Englische Rosen, Historische Rosen, einmal blühende Rosen und Wildrosen, Kletter- und Rambler-Rosen, Beetrosen, Edelrosen, Boden deckende Rosen und schließlich Zwergrosen. Damit kann sowohl der parkähnliche Rosengarten als auch der Rosengarten auf dem Balkon verwirklicht werden.

'Angela'

'Eden Rose '85'

Ein langer Sommertraum: Öfter und dauerblühende Strauchrosen

'Angela'

Wuchseigenschaften: bis ca. 1,5 m hoch, reizvoll lockerer Wuchs mit überhängenden Zweigen.
Blütenfarbe: dunkelrosa.
Blütengröße und -form: mittelgroß, becherförmig.
Blühdauer: öfter blühend.
Duft: leicht.
Tipps zur Verwendung: aufgrund der schönen Wuchsform und der Größe ist diese Rose insbesondere für den Einsatz in gemischten Rabatten mit Stauden und anderen Gehölzen zu empfehlen; am besten eignen sich Blütenpartner mit blauen, blauvioletten, rosa oder weißen Blüten.
Besonderheiten: Attraktiv ist diese Strauchrose durch ihr dunkelgrünes, glänzendes Laub; mit ihrem schnellen Wuchs wird sie auch ungeduldige Gärtner bald erfreuen; die Robustheit ist ein weiterer Pluspunkt dieser Rose.

'Eden Rose '85'

(Synonyme: 'Pierre de Ronsard', 'Grimpant Pierre de Ronsard')

Wuchseigenschaften: schnell- und starkwüchsig, bis 2 m hoch, kräftige Zweige.
Blütenfarbe: seidenrosa bis kräftig rosa, außen mit grünlichem Weiß.
Blütengröße und -form: Blüten groß, dicht gefüllt, ballförmig.
Blühdauer: öfter blühend.
Duft: schwach.
Tipps zur Verwendung: für gemischte Rabatten mit Stauden, anderen Rosen und Gehölzen; aufgrund des Öfterblühens mit zahlreichen Pflanz- und Blütenpartnern zu kombinieren; wegen ihrer aufrechten Wuchsform empfiehlt es sich, sie mit bogig wachsenden Partnern zu kombinieren.
Besonderheiten: Die Rose ist mit ihrer ungewöhnlichen Farbmischung und der an romantische Historische Rosen erinnernden Form eine wundervolle, einzigartige Erscheinung im Garten; sie eignet sich besonders für die Kombination mit weißen und rosa Rosen sowie mit weißen, blauen und violettblauen Stauden und Einjährigen.

'Fiona'

Wuchseigenschaften: bis ca. 1 m hoch, dichter Wuchs, überhängende Triebe.
Blütenfarbe: dunkelrot.
Blütengröße und -form: mittelgroß, wenig gefüllt.
Blühdauer: öfter blühend, nahezu durchblühend.

'Ilse Haberland'

VI/VII–IX 1,70 m

'Kordes Brillant'

VI/VII–IX 1,50 m

'Lavender Lassie'

VI/VII–IX 2 m

Duft: leicht.
Tipps zur Verwendung: vielseitig einsetzbar, besonders in gemischten Rabatten mit blauen, violetten und weißen Blütenpartnern.
Besonderheiten: Die Pflanze besitzt glänzendes, besonders gesundes Laub; Pflanze bildet, wenn Blüten nicht abgeschnitten werden, viele reizvolle Hagebutten.

'Ilse Haberland'

Wuchseigenschaften: ca. 1,5 bis 1,7 m.
Blütenfarbe: rosa bis karminrot/lachsfarben, später hellrosa.
Blütengröße und -form: groß, stark gefüllt.
Blühdauer: öfter blühend.
Duft: sehr intensiv.
Tipps zur Verwendung: für gemischte Rabatten mit Stauden, anderen Rosen und Gehölzen; aufgrund des Öfterblühens mit zahlreichen Pflanz- und Blütenpartnern zu kombinieren.
Besonderheiten: Eine vielfach bewährte, stark duftende Strauchrose mit reizvollen Blüten.

'Kordes Brillant'

Wuchseigenschaften: bis ca. 1,5 m hoch, buschiger und zugleich aufrechter Wuchs, starke Triebe.
Blütenfarbe: leuchtend orangerot, lange haltbar.
Blütengröße und -form: groß, locker gefüllt, becherförmig, in Büscheln.
Blühdauer: öfter blühend, bis lange in den Herbst.
Duft: leicht, wildrosenähnlich.
Tipps zur Verwendung: vielseitig einsetzbar, besonders in gemischten Rabatten mit blauen, violetten und weißen Blütenpartnern.
Besonderheiten: Die Rose ist äußerst robust und widerstandsfähig; das Laub ist frischgrün und glänzend.

'Lavender Lassie'

Wuchseigenschaften: starkwüchsig, 2 m und höher.
Blütenfarbe: rosa mit Lavendelfarbe.
Blütengröße und -form: klein bis mittelgroß, gefüllt.
Blühdauer: öfter blühend, treibt bis in den Herbst unermüdlich immer neue Blüten.
Duft: sehr intensiv.
Tipps zur Verwendung: für gemischte Rabatten mit Stauden, anderen Rosen und Gehölzen; aufgrund des Öfterblühens ist diese wertvolle Strauchrose mit zahlreichen Pflanz- und Blütenpartnern zu kombinieren; durch den lavendelfarbenen Einschlag kann 'Lavender Lassie' auch sehr gut mit gelben Partnern kombiniert werden, ohne dass es kitschig wirkt; daneben sind vor allem Lavendel und andere blaue und violettblaue Blütenpartner zu empfehlen.

Besonderheiten: Die außergewöhnliche Blütenfarbe macht diese Rose besonders wertvoll und einzigartig; zur Erhaltung eines geschlossenen Wuchses und dichten Blätterkleids empfiehlt sich alle drei Jahre ein starker Rückschnitt.

'Lichtkönigin Lucia'

Wuchseigenschaften: bis ca. 1,5 m hoch, buschig, mit straff aufrechten, kräftigen Trieben.
Blütenfarbe: anfangs goldgelb, dann heller, gut haltbare Farbe.
Blütengröße und -form: groß, gefüllt.
Blühdauer: öfter bis dauerblühend, sehr früher Blühbeginn und lange Blütezeit bis in den Herbst hinein.
Duft: schwach.
Tipps zur Verwendung: für gemischte Rabatten mit Stauden, anderen Rosen und Gehölzen; aufgrund des Öfterblühens mit zahlreichen Pflanz- und Blütenpartnern zu kombinieren; bevorzugt sollte diese Rose mit blauen und violettblauen Stauden und Halbsträuchern unterpflanzt werden.
Besonderheiten: keine.

'Mozart'

Wuchseigenschaften: bis ca. 1,5 m hoch, breitbuschig, recht ausladend
Blütenfarbe: dunkelrosa mit großem weißen Auge.
Blütengröße und -form: klein, einfache Blüten, in großen Büscheln.
Blühdauer: öfter blühend, blüht lange in den Herbst hinein.
Duft: stark.
Tipps zur Verwendung: die Rose ist sehr vielseitig einzusetzen, vor allem in mittlerer Reihe in gemischten Rabatten; Pflanzpartner mit dunkelblauen, violetten oder weißen Blüten wirken am besten mit der Rose zusammen.
Besonderheiten: Die Rose zeichnet sich durch Robustheit und einen sich ständig hervorragend erneuernden Blütenflor aus.

'Pink Robusta'

(Synonym: 'The Seckford Rose')

Wuchseigenschaften: bis ca. 1,5 m hoch, dicht buschig.
Blütenfarbe: rein rosa.
Blütengröße und -form: mittelgroß bis groß, becherförmig, an langen Stielen in großen Büscheln.
Blühdauer: öfter blühend.
Duft: angenehm.
Tipps zur Verwendung: vielfältig einsetzbar, besonders in gemischten Rabatten mit blauen, violetten oder weißen Stauden und Gehölzen, aber auch als mittelhohe Hecke oder als Gruppe.
Besonderheiten: Als Abkömmling der *Rugosa*-Familie zeichnet sich auch diese Sorte durch Robustheit und gesundes, glänzendes Laub aus.

VI/VII–IX 1,50 m

'Lichtkönigin Lucia'

VI/VII–IX 1,50 m

'Mozart'

VI/VIII–IX 1,50 m

'Pink Robusta'

'Red Yesterday'

(Synonyme: 'Marjorie Fair', 'Red Ballerina')

Wuchseigenschaften: bis ca. 1 m hoch, aufrechter Wuchs.
Blütenfarbe: karminrot mit weißem Auge.
Blütengröße und -form: klein, einfach, nur fünf Blütenblätter, in Büscheln.
Blühdauer: öfter blühend, sehr lange durchblühend.
Duft: leicht.
Tipps zur Verwendung: insbesondere in gemischten Rabatten mit Stauden und kleineren Gehölzen; als Partner sollten vor allem blau und violett blühende Stauden und Gehölze gewählt werden.
Besonderheiten: Die Rose mag keine zu heißen Standorte, da sie dann manchmal anfällig gegen Milbenbefall ist; verträgt Halbschatten meist gut.

'Schneewittchen'

(Synonym: 'Iceberg')

Wuchseigenschaften: mäßig starker Wuchs, ca. 1,5 m hoch, malerisch überhängende Zweige.
Blütenfarbe: rein weiß.
Blütengröße und -form: mittelgroß, gefüllt, zahlreiche Büschel.
Blühdauer: dauerblühend bis weit in den Herbst.
Duft: leicht.
Tipps zur Verwendung: für gemischte Rabatten mit Stauden, anderen Rosen und Gehölzen; aufgrund des Öfterblühens mit zahlreichen Pflanz- und Blütenpartnern und allen Farbtönen zu kombinieren.
Besonderheiten: 'Schneewittchen' ist nach wie vor die schönste und wichtigste weiße Strauchrose; bis weit in den Herbst öffnen sich unermüdlich neue Blüten; sie bleiben auch bei Regen, trotz der weißen Farbe, außergewöhnlich gut haltbar und lange ansehnlich.

'Westerland'

Wuchseigenschaften: stark wachsend, bis ca. 2 m hoch, breitbuschiger Wuchs, Langtriebe sind etwas bogig geneigt.
Blütenfarbe: orange bis apricotfarben, zur Blütenmitte hin bernsteinfarben.
Blütengröße und -form: Blüten groß, leicht gefüllt, reizvoll wellige Blütenblätter.
Blühdauer: öfter blühend.
Duft: stark.
Tipps zur Verwendung: Diese Rose kann vielseitig kombiniert werden, sollte aber nicht in Hecken und immer mit ausreichendem Abstand (ca. 3 m) gepflanzt werden; sie kann sehr schön an Hausecken und Durchgängen zur Wirkung kommen; in gemischten Rabatten gehört sie aufgrund ihrer beachtlichen Höhe in die hinteren Reihen; als Partner eignen sich dunkelblau und dunkelviolett blühende Pflanzen am besten.

'Wilhelm'

VI/VII–IX 2 m

'Abraham Darby'

VII–IX 1 m

Besonderheiten: Die auffallendste Besonderheit dieser Rose ist das vielgestaltige Farbenspiel ihrer Blüten, das den Rosenliebhaber zudem lange erfreut.

'Wilhelm'

(Synonym 'Skyrocket')

Wuchseigenschaften: sehr starkwüchsig, bis über 2 m hoch, aufrechter Habitus.
Blütenfarbe: leuchtend blutrot.
Blütengröße und -form: Blüten mittelgroß bis groß, halb gefüllt, mit auffallenden gelben Staubfäden.
Blütedauer: reich und dauerblühend, bis weit in den Herbst öffnen sich immer neue Blüten.
Duft: schwach.
Tipps zur Verwendung: für gemischte Rabatten mit Stauden, anderen Rosen und Gehölzen; aufgrund des Öfterblühens mit zahlreichen Pflanz- und Blütenpartnern zu kombinieren; empfehlenswert sind insbesondere weiße, blaue und violettblaue Blütenpartner.
Besonderheiten: wertvolle, farblich sehr auffallende Rose mit andauerndem Blütenflor; wegen des nach einigen Jahren etwas staksigen Aussehens ist alle drei Jahre ein kräftiger Rückschnitt zu empfehlen, um die Blüten wieder mehr ins Blickfeld zu rücken und eine dichtere und gesündere Belaubung zu erreichen.

Blütenpracht, Duft und Grazie: Englische Rosen

Der Begriff der „Englischen Rosen" wurde erst vor einigen Jahrzehnten eingeführt. Zumeist handelt es sich dabei um Züchtungen von David Austin, die sich neben Duft und zurückhaltendem Wuchs meist durch Blütenformen auszeichnen, die den Historischen Rosen nachempfunden sind. Gegenüber Letzteren haben sie jedoch – von wenigen Ausnahmen abgesehen – den Vorzug, dass sie öfter blühen und dadurch besonders gut kombinierbar und vielseitig einsetzbar sind.

'Abraham Darby'

(Synonyme: 'Abraham', 'Country Darby')

Wuchseigenschaften: bis ca. 1 m hoch, buschig, aufrecht, leicht ausladend.
Blütenfarbe: pfirsich- bis apricotfarben.
Blütengröße und -form: sehr groß, becherförmig.
Blütedauer: öfter blühend.
Duft: stark.
Tipps zur Verwendung: für gemischte Rabatten mit Stauden, anderen Rosen und Gehölzen; durch die geringe Wuchshöhe besonders vielseitig verwendbar; aufgrund des Öfterblühens mit zahlreichen

Pflanz- und Blütenpartnern zu kombinieren, am besten mit blauen und violetten Stauden oder Gehölzen; wegen des guten Duftes besonders an Terrassen und Sitzplätzen.
Besonderheiten: Die Rose hat sehr gesundes Laub; im Allgemeinen robust, allerdings kann bei feuchter Witterung manchmal Rosenrost auftreten.

'Cymbaline'

Wuchseigenschaften: niedrig wachsend, ca. 1,2 m hoch, mit reizvoll bogig überhängenden Trieben.
Blütenfarbe: wunderschön schattiertes Rosa.
Blütengröße und -form: mittelgroß, gefüllt, schalenförmig.
Blühdauer: öfter blühend.
Duft: intensiv.
Tipps zur Verwendung: für gemischte Rabatten mit Stauden, anderen Rosen und Gehölzen; durch die geringe Wuchshöhe besonders vielseitig verwendbar; aufgrund des Öfter- bzw. Dauerblühens mit zahlreichen Pflanz- und Blütenpartnern in nahezu allen Farbtönen zu kombinieren; wegen des guten Duftes besonders an Terrassen und Sitzplätzen.
Besonderheiten: Sowohl die Farbe als auch die Form der Blüten heben diese Sorte sogar aus dem Kreis anderer Englischer Rosen heraus.

'Eglantyne'

(Synonym: 'Eglantyne Jebb')

Wuchseigenschaften: bis ca. 1,2 m hoch, sehr buschig.
Blütenfarbe: zartrosa.
Blütengröße und -form: groß, rosettenförmig.
Blühdauer: öfter blühend.
Duft: stark.
Tipps zur Verwendung: für gemischte Rabatten mit Stauden, anderen Rosen und Gehölzen; durch die geringe Wuchshöhe besonders vielseitig verwendbar; aufgrund des Öfterblühens mit zahlreichen Pflanz- und Blütenpartnern in nahezu allen Farbtönen zu kombinieren; wegen des guten Duftes besonders an Terrassen und Sitzplätzen.
Besonderheiten: Diese Rose ist als Schnittblume sehr gut geeignet und lange haltbar; sie besitzt äußerst gesundes Laub; die Blütenform ist als perfekt zu bezeichnen.

'Golden Celebration'

Wuchseigenschaften: bis ca. 1,2 m hoch, etwas schwache Blütenstiele.
Blütenfarbe: goldgelb.
Blütengröße und -form: groß, becherförmig, dichtgefüllt, innere Blütenblätter stark gekräuselt, mit offener Mitte.
Blühdauer: öfter blühend, lang- bzw. dauerblühend.
Duft: stark.

VI/VII–IX 1,20 m

'Eglantyne'

VI/VII–IX 1,20 m

'Golden Celebration'

'Graham Thomas'

VI/VII–IX 1,30 m

'Heritage'

VI/VII–IX 1,30 m

Tipps zur Verwendung: für gemischte Rabatten mit Stauden, anderen Rosen und Gehölzen; durch die geringe Wuchshöhe besonders vielseitig verwendbar; aufgrund des Öfter- bzw. Dauerblühens mit zahlreichen Pflanz- und Blütenpartnern zu kombinieren, insbesondere mit blau und violett blühenden Stauden und Gehölzen; wegen des guten Duftes besonders an Terrassen und Sitzplätzen.
Besonderheiten: Triebe müssen bei nasser Witterung gestützt werden.

'Graham Thomas'

(Synonyme: 'English Yellow', 'Graham Stuart Thomas')

Wuchseigenschaften: bis ca. 1,3 m hoch, schwache Triebe.
Blütenfarbe: goldgelb bis zartgelb.
Blütengröße und -form: mittelgroß, dicht gefüllt, becherförmig, zahlreich.
Blühdauer: öfter blühend.
Duft: stark.
Tipps zur Verwendung: für gemischte Rabatten mit Stauden, anderen Rosen und Gehölzen; durch die geringe Wuchshöhe besonders vielseitig verwendbar; aufgrund des Öfterblühens mit zahlreichen Pflanz- und Blütenpartnern zu kombinieren, insbesondere mit blau und violett oder apricotfarben blühenden Stauden und Gehölzen; wegen des guten Duftes besonders an Terrassen und Sitzplätzen.
Besonderheiten: Sie gilt mittlerweile als klassische Englische Rose, weil sie die erste war, deren Blüten und gelbe Farbe denen der Alten Rosen ähnelten; Triebe müssen bei nasser Witterung gestützt werden.

'Heritage'

Wuchseigenschaften: ca. 1,2 bis 1,3 m hoch, sehr buschiger Wuchs und dichte Belaubung.
Blütenfarbe: rosa.
Blütengröße und -form: Blüte mittelgroß, rundlich, becherförmig, Blütenblätter sehr natürlich angeordnet.
Blühdauer: reich und dauerblühend.
Duft: intensiv.
Tipps zur Verwendung: für gemischte Rabatten mit Stauden, anderen Rosen und Gehölzen; aufgrund des Dauerblühens mit zahlreichen Pflanz- und Blütenpartnern zu kombinieren, am besten mit blauen, violetten und weißen Partnern; wegen des guten Duftes besonders an Terrassen und Sitzplätzen.
Besonderheiten: eine der schönsten Englischen Rosen mit perfekter Blütenform und makellosem Wuchs, zudem sehr gesund und robust.

'Hero'

Wuchseigenschaften: bis etwa 1,2 m hoch, kräftiger Wuchs, nicht sehr buschig.

'Hero'

VI/VII–IX 1,20 m

'L. D. Braithwaite'

VI/VII–IX 1,50 m

'Leander'

VI/VII–IX 1,60 m

Blütenfarbe: glänzend reinrosa.
Blütengröße und -form: mittelgroße Blüten, pfingstrosenartige Blütenform, beim ersten Flor stark gefüllt, beim zweiten weniger stark.
Blühdauer: öfter blühend.
Duft: starker Duft nach Myrrhe (!).
Tipps zur Verwendung: für gemischte Rabatten mit Stauden, anderen Rosen und Gehölzen; aufgrund des Öfterblühens mit zahlreichen Pflanz- und Blütenpartnern zu kombinieren; ideal sind blaue, violette und weiße Blütenpartner; aufgrund des wenig buschigen Wuchses sollte die Rose von buschigen Partnern umgeben sein, zwischen denen ihre wunderbaren Blüten perfekt zur Geltung kommen; wegen des guten Duftes besonders an Terrassen und Sitzplätzen.
Besonderheiten: unnachahmlich rosafarbene Blüten, wertvoll auch wegen des außergewöhnlichen Duftes.

'L. D. Braithwaite'

Wuchseigenschaften: bis ca. 1,5 m hoch, kräftiger, etwas unregelmäßiger Wuchs.
Blütenfarbe: dunkelkarminrot.
Blütengröße und -form: mittelgroß bis groß, dicht gefüllt, Blütenblätter umhüllen sich gegenseitig.
Blühdauer: öfter bis dauerblühend, ständig neue Blüten.
Duft: stark.
Tipps zur Verwendung: am besten in gemischten Rabatten, mit dunkelroten und dunkelvioletten Stauden und Gehölzen; wenn die Rose mit anderen Rosen zusammengepflanzt wird, sind buschig wachsende Partner zu empfehlen.
Besonderheiten: Eine der größten Vorzüge dieser exzellenten Rose ist neben der wundervollen Blütenfarbe und -form ihre sehr gute Farbbeständigkeit und ihre Wetterfestigkeit.

'Leander'

Wuchseigenschaften: bis ca. 1,6 m hoch, nicht sehr dicht und buschig.
Blütenfarbe: rosa bis apricotfarben, zur Mitte intensiver.
Blütengröße und -form: klein, dicht gefüllt, Blütenblätter reizvoll ineinander gefaltet, in großen Büscheln blühend.
Blühdauer: öfter blühend.
Duft: stark, würzig.
Tipps zur Verwendung: für gemischte Rabatten mit Stauden, anderen Rosen und Gehölzen; aufgrund des Öfterblühens mit zahlreichen Pflanz- und Blütenpartnern zu kombinieren; ideal sind blaue, violette und weiße Blütenpartner; aufgrund des wenig buschigen Wuchses sollte die Rose von buschigen Partnern umgeben sein, zwischen denen ihre wunderbaren Blüten perfekt zur Geltung kommen; wegen des guten Duftes besonders an Terrassen und Sitzplätzen.

'Lilian Austin'

VI/VII–IX 1,30 m

Besonderheiten: Die Rose ist sehr robust und besitzt attraktives, glänzendes Laub.

'Lilian Austin'

Wuchseigenschaften: bis ca. 1,3 m hoch, verzweigt, bogige Triebe.
Blütenfarbe: kräftig rosa bis lachsfarben.
Blütengröße und -form: groß; rosettenförmig; dicht, aber locker gefüllt; gekräuselte Kronblätter (Petalen); einzeln oder zu fünfen stehend.
Blühdauer: öfter blühend.
Duft: stark.
Tipps zur Verwendung: für gemischte Rabatten mit Stauden, anderen Rosen und Gehölzen; aufgrund des Öfterblühens mit zahlreichen Pflanz- und Blütenpartnern zu kombinieren; ideal sind blaue, violette und weiße Blütenpartner; wegen des guten Duftes besonders an Terrassen.
Besonderheiten: Diese Rose ist dicht belaubt, die Blätter mattglänzend.

'Schloss Glücksburg'

VI/VII–IX 1 m

'Schloss Glücksburg'
(Synonym: 'English Garden')

Wuchseigenschaften: bis ca. 1 m hoch, Wuchs ähnlich einer Edelrose.
Blütenfarbe: zartgelb bis apricotfarben, nach außen aufhellend, je nach Witterung und Sonneneinstrahlung veränderlich.
Blütengröße und -form: mittelgroß, flache Blüten, viele Blütenblätter, Mitte teils geviertelt.
Blühdauer: öfter blühend.
Duft: stark.
Tipps zur Verwendung: für gemischte Rabatten mit Stauden, anderen Rosen und Gehölzen; aufgrund des Öfterblühens mit zahlreichen Pflanz- und Blütenpartnern zu kombinieren; ideal sind blaue, violette und weiße Blütenpartner; wegen des guten Duftes besonders an Terrassen und Sitzplätzen.
Besonderheiten: Diese Sorte eignet sich hervorragend als Schnittblume und ist lange haltbar.

'St. Cecilia'

Wuchseigenschaften: etwa 1 m hoch, breitbuschig.
Blütenfarbe: rosa mit Cremegelb.
Blütengröße und -form: mittelgroß, gut gefüllt.
Blühdauer: dauerblühend.
Duft: intensiv.
Tipps zur Verwendung: für gemischte Rabatten mit Stauden, anderen Rosen und Gehölzen; durch die geringe Wuchshöhe besonders vielseitig verwendbar; aufgrund des Dauerblühens mit zahlreichen Pflanz- und Blütenpartnern zu kombinieren; wegen des guten Duftes besonders an Terrassen und Sitzplätzen.
Besonderheiten: eine der besten Englischen Rosen mit schöner Blütenform, buschigem Wuchs und gesundem Laub.

VI/VII–IX 1 m

'St. Cecilia'

'Symphony'

VI/VII–IX 1,20 m

'The Squire'

VI/VII–IX 1,20 m

'Wife of Bath'

VI/VII–IX 1 m

'Symphony'

(Synonyme: 'Symphonie', 'Allux Symphony')

Wuchseigenschaften: bis ca. 1,2 m hoch, dichtbuschiger Wuchs, aufrecht.
Blütenfarbe: gelb, mit der Zeit etwas zu rosa verfärbend.
Blütengröße und -form: mittelgroß, dicht gefüllt, rosettenförmig.
Blühdauer: öfter blühend, bis in den Herbst hinein.
Duft: stark.
Tipps zur Verwendung: für gemischte Rabatten mit Stauden, anderen Rosen und Gehölzen; durch die geringe Wuchshöhe besonders vielseitig verwendbar; aufgrund des Öfterblühens mit zahlreichen Pflanz- und Blütenpartnern; am besten passen blaue und violette Blütenpartner.
Besonderheiten: Die Rose besitzt ein sehr gesundes, dekorativ glänzendes Laub.

'The Squire'

Wuchseigenschaften: bis ca. 1,2 m hoch, wenig buschig, langtriebig.
Blütenfarbe: tief dunkelrot, sehr gut haltbar.
Blütengröße und -form: sehr groß, kelchförmig, stark gefüllt, mit über 100 Blütenblättern.
Blühdauer: öfter blühend.
Duft: stark.
Tipps zur Verwendung: für gemischte Rabatten mit Stauden, anderen Rosen und Gehölzen; aufgrund des Öfterblühens mit zahlreichen Pflanz- und Blütenpartnern zu kombinieren; ideal sind dunkelrosa, blaue, violette und weiße Blütenpartner; aufgrund des wenig buschigen Wuchses sollte die Rose von buschigen Partnern umgeben sein, zwischen denen ihre wunderbaren Blüten perfekt zur Geltung kommen; wegen des angenehmen Duftes besonders an Terrassen und Sitzplätzen.
Besonderheiten: Das Laub dieser Sorte ist etwas anfällig für Pilzerkrankungen.

'Wife of Bath'

Wuchseigenschaften: bis ca. 1 m hoch.
Blütenfarbe: warmes Rosa, zur Mitte hin dunkler werdend.
Blütengröße und -form: groß, anfangs kugelförmig, einzeln oder in kleinen Büscheln.
Blühdauer: öfter blühend.
Duft: stark.
Tipps zur Verwendung: für gemischte Rabatten mit Stauden, anderen Rosen und Gehölzen; durch die geringe Wuchshöhe besonders vielseitig verwendbar; aufgrund des Öfterblühens mit zahlreichen Pflanz- und Blütenpartnern; am besten passen blaue und violette Blütenpartner.
Besonderheiten: Diese Sorte besitzt sehr gesundes Laub.

'Wisa Portia'

VI/VII–IX 1 m

'Yellow Charles Austin'

VI/VII–IX 1,50 m

'Wise Portia'

Wuchseigenschaften: bis ca. 1 m hoch, mittelwüchsig.
Blütenfarbe: purpurfarben bis malvenfarbig rosa, in zahlreichen Schattierungen.
Blütengröße und -form: mittelgroß, gefüllt, rosettenartig.
Blühdauer: öfter blühend.
Duft: stark.
Tipps zur Verwendung: für gemischte Rabatten mit Stauden, anderen Rosen und Gehölzen; aufgrund des Öfterblühens mit zahlreichen Pflanz- und Blütenpartnern zu kombinieren; ideal sind blaue, violette und weiße Blütenpartner; wegen des wenig buschigen Wuchses sollte die Rose von buschigen Partnern umgeben sein, zwischen denen ihre wunderbaren Blüten perfekt zur Geltung kommen; wegen des guten Duftes besonders an Terrassen und Sitzplätzen.
Besonderheiten: Diese Sorte eignet sich ganz besonders als Schnittblume.

'Yellow Charles Austin'

Wuchseigenschaften: bis ca. 1,5 m hoch, buschiger Wuchs, kräftige Triebe.
Blütenfarbe: hellgelb, schattiert.
Blütengröße und -form: groß, geviertelt, dicht gefüllt, rosettenförmig.
Blühdauer: öfter blühend.
Duft: stark, fruchtig.
Tipps zur Verwendung: für gemischte Rabatten mit Stauden, anderen Rosen und Gehölzen; durch die geringe Wuchshöhe besonders vielseitig verwendbar; aufgrund des Öfterblühens mit zahlreichen Pflanz- und Blütenpartnern; am besten passen blaue und violette Blütenpartner.
Besonderheiten: Die Rose ist ein „Sport" (durch natürliche Mutation entstanden, siehe Seite 37) von 'Charles Austin'.

Klassisch und sagenumwoben: Historische Rosen

Unter dem Begriff Historische Rosen werden in diesem Buch vor allem solche Sorten zusammengefasst, die vom 18. bis zum Beginn des 20. Jahrhunderts entstanden sind und sich seither einen legendären Ruf erworben haben. Es handelt sich hierbei zumeist um einmal blühende, teils aber auch um remontierende (nach dem Hauptflor am jungen Trieb zum zweiten Mal blühende) und öfter blühende Strauchrosen. Historische Kletter- und Rambler-Rosen finden sich im entsprechenden Kapitel.

‘Baron Girod de L’Ain’

(Synonyme: ‘Baron Giraud de L ’Ain’, ‘Princesse Christine von Salm’, ‘Royat Mondain’)

Wuchseigenschaften: bis 1,5 m hoch, kräftiger Wuchs.
Blütenfarbe: karminrot bis rosa, später karminrot bis purpurrot, Blütenblätter weiß gesäumt.
Blütengröße und -form: mittelgroß, dicht gefüllt, anfangs becherförmig, Blütenblätter zackig gewellt.
Blühdauer: öfter bis dauerblühend.
Duft: stark.
Tipps zur Verwendung: wegen des Öfterblühens vielseitig kombinierbar; für gemischte Rabatten mit Stauden, anderen Rosen und Gehölzen; am besten passen blaue und violette, aber auch weiße und rosa Blütenpartner. Sehr gut passen auch karmin- oder purpurrote Stockrosen (Malven).
Besonderheiten: Diese Rose ist ein „Sport“ von ‘Eugène Fürst’; der Reiz dieser wertvollen Rose liegt vor allem in der unvergleichlichen Zeichnung der Blütenblätter.

‘Cristata’

(Synonyme: ‘Crested Moss’, ‘Chapeau de Napoléon’)

Wuchseigenschaften: bis ca. 1,50 m hoch, offener Wuchs, breit wachsend.
Blütenfarbe: reinrosa.
Blütengröße und -form: mittelgroß, dicht gefüllt, Blüten oft geviertelt.
Blühdauer: einmal blühend.
Duft: stark.
Tipps zur Verwendung: vielseitig kombinierbar mit blauen, violetten, rosa und weißen Partnern; wegen ihrer moosartigen Auswüchse an den Blütenkelchen auch einzeln als Kostbarkeit, besser aber zusammen mit buschigen Stauden und Gehölzen.
Besonderheiten: Die Sorte weist im Unterschied zu den meisten „echten“ Moosrosen nur an der dreispitzförmigen Stelle der Blütenkelche eine Bemoosung auf, was sie zu einer der ungewöhnlichsten Erscheinungen unter den Zentifolien macht; ‘Cristata’ ist sehr robust und gesund.

‘Druschki Rubra’

Wuchseigenschaften: bis ca. 1,7 m hoch, kräftiger Wuchs, dichte Belaubung.
Blütenfarbe: dunkelkarminrot bis karminrot.
Blütengröße und -form: groß, dicht gefüllt.
Blühdauer: einmal blühend, in geringem Umfang remontierend.
Duft: stark.
Tipps zur Verwendung: Die Rose wirkt sehr schön für sich, wird durch gute Kombination mit weiß blühenden, rosa, blauen oder violetten Blütenpartnern aber noch besser hervorgehoben; wegen des kräf-

VI/VII–IX 1,50 m

‘Baron Girod de L’Ain’

VI–VII 1,50 m

‘Cristata’

VI–VII 1,70 m

‘Druschki Rubra’

'Ghislaine de Féligonde'

VI–VII 2 m

'Fantin Latour'

VI–VII 2 m

'Félicité Parmentier'

VI/VII–IX 1,20 m

tigen Wuchses in Beet oder Rabatte nicht zu weit vorne pflanzen!
Besonderheiten: Die Rose benötigt alle zweibis drei Jahre einen kräftigen Rückschnitt.

'Ghislaine de Féligonde'

Wuchseigenschaften: bis ca. 2 m hoch.
Blütenfarbe: hellgelb bis rosa oder orange oder lachsfarben.
Blütengröße und -form: klein, zahlreich, in Rispen.
Blühdauer: öfter blühend (bei Rückschnitt).
Duft: stark.
Tipps zur Verwendung: sowohl in gemischten Rabatten als auch in hervorgehobener Position, mit zahlreichen Farben kombinierbar; wegen des Öfterblühens über das ganze Jahr reizvoll; aufgrund der im Herbst gebildeten Hagebutten auch mit Herbstblühern zusammen zu stellen.
Besonderheiten: Diese Rose kann als Strauch- und als Kletterrose verwendet werden; sie akzeptiert auch einen halbschattigen Standort, das vielgestaltige Farbenspiel ihrer Blüten ist ihr größter Vorzug.

'Fantin Latour'

Wuchseigenschaften: über 2 m hoch, kräftiger Wuchs, aufrechte Triebe, breit.
Blütenfarbe: zartrosa, dunklere Mitte.
Blütengröße und -form: dicht gefüllt, kreisrund; anfangs becherförmig, dann zurückrollend.
Blühdauer: einmal blühend.
Duft: stark, sehr außergewöhnlich.
Tipps zur Verwendung: diese Rose sollte wegen der imposanten Form und Höhe in Rabatten in der hintersten Reihe stehen; sehr schön kommt sie vor einer grünen Hecke oder einer Backsteinmauer zur Geltung; die Rose wirkt sehr gut für sich, wird durch entsprechende Kombination mit weiß blühenden, rosa, blauen oder violetten Blütenpartnern aber noch besser hervorgehoben; durch ihren vorzüglichen Duft ist die Rose prädestiniert für Sitzplätze und Durchgänge.
Besonderheiten: Diese klassische französische Rose wurde unter anderem auch in englischen Gärten häufig gepflanzt; ihre Blütenfarbe, ihr wunderbarer Duft und ihre Erscheinung machen sie noch heute sehr wertvoll, obwohl sie nur einmal blüht.

'Félicité Parmentier'

Wuchseigenschaften: bis ca. 1,20 m hoch, etwas ausladend, dichte Belaubung.
Blütenfarbe: cremefarben bis hellrosa, bei heißer Witterung fast weiß.
Blütengröße und -form: mittelgroß;

'Frau Karl Druschki'

VI–VII 1,70 m

'La Reine Viktoria'

VI/VII–IX 1,50 m

flache Blüten, dann nach außen gewölbt.
Blühdauer: öfter blühend.
Duft: stark, süßlich.
Tipps zur Verwendung: wegen der zarten Farbe mit nahezu allen anderen Farbtönen zu kombinieren; der niedrige Wuchs und ihre geringen Ansprüche machen die Sorte für viele Einsatzbereiche geeignet, so besonders für Kübelkultur und schlecht besonnte Standorte.
Besonderheiten: gut geeignet als Schnittblume; die Rose ist sehr gesund und robust, hat geringe Ansprüche an den Boden; sie eignet sich zudem sehr gut für halbschattige Bereiche.

'Frau Karl Druschki'

(Synonyme: 'Schneekönigin', 'Reine des Neiges', 'Snow Queen')

Wuchseigenschaften: bis ca. 1,7 m hoch, kräftiger Wuchs, dichte Belaubung.
Blütenfarbe: reinweiß.
Blütengröße und -form: groß, dicht gefüllt.
Blühdauer: einmal blühend, in geringem Umfang etwas remontierend.
Duft: stark.
Tipps zur Verwendung: die Rose wirkt sehr gut für sich, wird durch gute Kombination mit weiß blühenden und graublättrigen Pflanzen, aber auch mit rosa, blauen oder violetten Blütenpartnern noch besser hervorgehoben; wegen des kräftigen Wuchses in Beet oder Rabatte nicht zu weit vorne pflanzen!
Besonderheiten: Diese berühmte alte Rose gilt als eine der schönsten weißen Rosen überhaupt; sie eignet sich ideal als Schnittblume; die Blüten sind bei nasser Witterung etwas anfällig; im Herbst erscheinen reizvolle rote Hagebutten; die kletternde 'Climbing Frau Karl Druschki' hat fast alle Eigenschaften mit 'Frau Karl Druschki' gemein, besitzt allerdings etwas kleinere Blüten; die Rose benötigt alle zwei bis drei Jahre einen kräftigeren Rückschnitt.

'La Reine Viktoria'

Wuchseigenschaften: bis ca. 1,5 m hoch, kräftig.
Blütenfarbe: kräftig hellrot bis dunkelrosa
Blütengröße und -form: mittelgroß, kugelig.
Blühdauer: öfter blühend.
Duft: stark.
Tipps zur Verwendung: als Besonderheit möglichst an einen auffälligen Platz pflanzen; wegen des Duftes auch sehr gut geeignet für Sitzplätze und Durchgänge; kombinierbar mit allen Blütenpartnern – außer intensiv gelben orangefarbigen und zinnoberroten Farbtönen.
Besonderheiten: Die sehr wertvolle Sorte neigt gelegentlich zu spontanen Mutationen.

‘Maiden’s Blush’

(Synonyme: ‘Small Maiden’s Blush’, ‘Cuisse de Nymphe’, ‘La Royale’, ‘La Séduisante’, ‘Virginale’, ‘Incarnata’)

Wuchseigenschaften: bis ca. 1,5 m hoch, kräftiger Wuchs, überhängende Triebe.
Blütenfarbe: hellrosa.
Blütengröße und -form: mittelgroß, dicht gefüllt, schüsselförmig, in Büscheln.
Blühdauer: einmal blühend.
Duft: leicht, moosrosenähnlich, leicht harzig.
Tipps zur Verwendung: als Besonderheit möglichst an einen auffälligen Platz setzen; mit nahezu allen anderen Blütenfarben kombinierbar.
Besonderheiten: Diese Rose ist seit 1629 nachweislich in Kultur und auf alten Rosengemälden oft festgehalten; neben der wundervollen Blüte ist auch ihr blaugrünes, für *Alba*-Rosen typisches Laub sehr dekorativ.

VI–VII 1,50 m

‘Maidens’s Blush’

‘Mme Legras de St. Germain’

(Synonym: Rosa alba ‘Mme Legras de Saint Germain’)

Wuchseigenschaften: bis ca. 1,8 m hoch, starker Wuchs, Triebe stark überhängend, kaum Dornen.
Blütenfarbe: rahmweiß.
Blütengröße und -form: mittelgroß, gefüllt, mit der Zeit flacher werdend.
Blühdauer: einmal blühend, in geringem Umfang remontierend.
Duft: stark.
Tipps zur Verwendung: Die Rose eignet sich aufgrund ihres malerisch überhängenden Wuchses, hervorragend als Solitärpflanze etwa zusammen mit niedrigen oder polsterförmigen Stauden; an Sitzplätzen entfaltet sie ihren romantischen Charakter besonders gut.
Besonderheiten: Die Rose war bereits vor 1848 bekannt; sie ist sehr frosthart und trägt mattes hellgrünes Laub.

VI–VII 1,80 m

‘Mme Legras de St. Germain’

‘Mme Pierre Oger’

VI/VII–IX 1,50 m

‘Mme Pierre Oger’

Wuchseigenschaften: bis ca. 1,5 m hoch, aufrechter Wuchs.
Blütenfarbe: silbrig rosa.
Blütengröße und -form: mittelgroß, dicht gefüllt, ballförmig.
Blütedauer: öfter blühend.
Duft: stark.
Tipps zur Verwendung: Die Rose wird durch gute Kombination mit weiß blühenden und graublättrigen Pflanzen, aber auch mit rosa, blauen oder violetten Blütenpartnern, noch besser hervorgehoben; ihre romantisch wirkenden Blüten eignen sich besonders, um Sitzplätzen eine besondere Note zu verleihen; in Rabatten nicht zu weit nach vorne pflanzen!
Besonderheiten: Die Rose ist ein „Sport“ von ‘La Reine Viktoria’; ein Rückfall in deren Eigenschaften kommt ab und an vor.

'Mutabilis'

VI/VII–IX 1,70 m

'Rose à Parfum de l'Hay'

VI/VII–IX 1,40 m

'Mutabilis'

(Synonyme: Rosa chinensis 'Mutabilis', 'Tipo Ideale')

Wuchseigenschaften: bis ca. 1,7 m hoch, aufrechter, lockerer Wuchs, Jungtriebe purpurrot, Stacheln rot, nicht sehr dicht belaubt.
Blütenfarbe: vielgestaltig und veränderlich, von gelborange und kupferfarben bis rosa und dunkelrosa.
Blütengröße und -form: klein bis mittelgroß, einfach.
Blütedauer: öfter blühend, lange anhaltend.
Duft: leicht.
Tipps zur Verwendung: aufgrund des nicht sehr buschigen Wuchses am besten zusammen mit dicht belaubten Partnern; wegen des Farbenspiels mit vielen, vor allem blauen und violetten Blütenpartnern kombinierbar; die geringe Wuchsbreite macht die Rose besonders für kleine Gärten geeignet.
Besonderheiten: Die Form und der schillernde Charakter der Blüten erinnernt an kleine Schmetterlinge; die Rose wird teils manchmal fälschlicherweise auch als *Rosa turkestanica* bezeichnet.

'Robert Le Diable'

Wuchseigenschaften: bis ca. 1,2 m hoch, schlank wachsend, schwache Triebe, überhängende Blütenstiele.
Blütenfarbe: karmin- bis purpurrot mit Violett und Rot, Mitte teils grün.
Blütengröße und -form: mittelgroß, äußere Blütenblätter zurückgeschlagen.,
Blühdauer: einmal blühend, späte Blütezeit.
Duft: stark.
Tipps zur Verwendung: die Rose schmückt jede gemischte Rabatte, in der sie besonders mit blauen, violetten und dunkelroten Partnern eine hervorragende Wirkung entfaltet; wegen der einmaligen Blüte nur mit bestimmten Partnern wie Rittersporn, Kaukasus-Storchschnabel und Salbei kombinieren.
Besonderheiten: Diese Rose bevorzugt warmes Klima, daher am besten nahe einer warmen Hauswand pflanzen.

'Rose à Parfum de l'Hay'

(Synonym: 'Parfum de l'Hay')

Wuchseigenschaften: bis ca. 1,4 m hoch, sehr kräftiger Wuchs.
Blütenfarbe: karminrot bis dunkel purpurrot/violett, bei starker Sonne bläulicher Schimmer.
Blütengröße und -form: groß, gefüllt.
Blühdauer: öfter blühend.
Duft: sehr stark.
Tipps zur Verwendung: wegen ihres unwiderstehlichen Duftes ist diese Rose die erste Wahl für Sitzplätze und Durchgänge; sie schmückt jede gemischte Rabatte, in der sie be-

'Rose de Resht'

VI/VII–IX 1,20 m

'Souvenir de la Malmaison'

VI/VII–IX 0,70 m

sonders mit blauen, violetten und dunkelroten Partnern hervorragende Wirkung entfaltet; wegen des Öfterblühens besonders vielseitig kombinierbar.
Besonderheiten: Diese Rose gilt als eine der am intensivsten duftenden Rosen überhaupt; bei Trockenheit ist sie etwas anfällig für Mehltau.

'Rose de Resht'

Wuchseigenschaften: bis ca. 1,2 m hoch, dichte Belaubung.
Blütenfarbe: hell purpurrot.
Blütengröße und -form: mittelgroß, dicht gefüllt, rosettenförmig.
Blühdauer: öfter blühend.
Duft: stark.
Tipps zur Verwendung: wegen des Öfterblühens vielseitig kombinierbar; für gemischte Rabatten mit Stauden, anderen Rosen und Gehölzen; am besten passen blaue und violette, aber auch weiße und rosa Blütenpartner.
Besonderheiten: Obgleich in Persien schon lange kultiviert, wurde diese legendäre Sorte erst um 1950 eingeführt.

'Souvenir de la Malmaison'
(Synonym: 'Queen of Beauty')

Wuchseigenschaften: sehr schwacher Wuchs, bis ca. 70 cm hoch.
Blütenfarbe: zart rosa bis cremeweiß.
Blütengröße und -form: sehr groß, dicht gefüllt, flach.
Blühdauer: einmal blühend, aber gut remontierend.
Duft: stark, teerosenähnlich.
Tipps zur Verwendung: die Rose wirkt in Kombination mit weiß blühenden oder pastellfarbenen, aber auch graublättrigen Pflanzen besonders reizvoll; kann aber gleichermaßen mit rosa, blauen oder violetten Blütenpartnern zusammengestellt werden; die Rose eignet sich wegen ihres sehr zurückhaltenden Wuchses insbesondere für kleine Gärten und Beete.
Besonderheiten: Diese wunderbare und legendäre Rose sollte nicht zu nahe an kräftiger wachsende Partner gepflanzt werden; sie benötigt zudem einen vollsonnigen Standort in voller Sonne und gutes Substrat, um sich optimal entwickeln zu können.

Natürlich schön: Wildrosen und einmal blühende Strauchrosen

'Marguerite Hilling'
(Synonyme: ''Pink Nevada', 'Rosa moyesii 'Marguerite Hilling')

Wuchseigenschaften: bis ca. 2 m hoch, breit wachsend, dichtbuschig, überhängende Triebe, dichte Belaubung.

Blütenfarbe: intensiv rosa.
Blütengröße und -form: groß, leicht gefüllt.
Blühdauer: einmal, aber reich blühend, remontierend.
Duft: schwach.
Tipps zur Verwendung: Die im Frühsommer von Blüten förmlich überquellende Rose ist sehr imposant in Einzelstellung und in Gruppen mit anderen Rosen und Gehölzen; wegen ihres großen Platzbedarfes für kleine Gärten weniger geeignet; wegen der relativ kurzen Blütezeit am besten mit gleichzeitig blühenden Stauden wie Rittersporn und Kaukasus-Storchschnabel zusammenpflanzen.
Besonderheiten: Die Rose ist ein „Sport“ von 'Nevada'.

'Nevada'

Wuchseigenschaften: bis ca. 2 m hoch, buschig, dichte Belaubung, malerisch überhängende Zweige.
Blütenfarbe: weiß bis cremeweiß.
Blütengröße und -form: groß, schalenförmig.
Blühdauer: einmal, aber sehr reich blühend im (Juni), im Spätsommer schwache Nachblüte.
Duft: schwach.
Tipps zur Verwendung: ähnlich wie 'Marguerite Hilling', wegen weißer Farbe noch vielfältiger kombinierbar als diese.
Besonderheiten: Die Rose verbindet die Natürlichkeit einer Wildrose mit der Blütengröße und -fülle moderner Rosen; ihre prachtvolle Erscheinung lässt vergessen, dass sie nur einmal blüht.

Rosa moyesii

Wuchseigenschaften: sehr starker Wuchs, bis 3 m hoch und mehr, ebenso breit.
Blütenfarbe: leuchtend purpurrot.
Blütengröße und -form: klein, einfach.
Blühdauer: einmal blühend, relativ kurze Blütezeit.
Duft: nicht vorhanden.
Tipps zur Verwendung: als robuste Wildrose vor allem für naturnahe Gärten und Wildhecken; wegen des starken Wuchses auf ausreichenden Abstand zu Pflanzpartnern achten; die außergewöhnlich schöne Blütenfarbe harmoniert vor allem mit blauen und violetten Blütenpartnern.
Besonderheiten: *Rosa moyesii* trägt im Herbst viele hellrote, flaschenförmige Hagebutten.

Rosa multiflora

Vielblütige Rose

Wuchseigenschaften: bis ca. 3 m hoch, sehr breit wachsend; dicht belaubt; stark überhängende, unbewehrte Triebe.
Blütenfarbe: weiß.
Blütengröße und -form: sehr kleine Blüten, einfach.

VI–VII 2 m

'Marguerite Hilling'

VI–VII 2 m

'Nevada'

VI–VII 3 m

'Rosa moyesii'

Rosa multiflora

VI–VII 3 m

Rosa rubiginosa

VI–VII 3 m

Rosa hugonis

V 2,50 m

Blühdauer: einmal, aber sehr reich blühend (Juni/Juli), kaskadenartig.
Duft: leicht.
Tipps zur Verwendung: wegen des dichten, malerisch überhängenden Wuchses eignet sich die Rose vor allem zur Pflanzung an Zäunen, Sitzplätzen und besonders auffälligen Stellen; wegen des Breitenwachstums auf ausreichenden Abstand achten! Da die Rose keine Stacheln hat, ist sie für die Pflanzung an Kinderspielplätzen prädestiniert.
Besonderheiten: *Rosa multiflora* besitzt keine Stacheln; aus den Blüten entwickeln sich zahlreiche rote, nur etwa 0,5 cm große, kugelige Hagebutten.

Rosa rubiginosa

Weinrose, Apfelrose, Schottische Zaunrose

Wuchseigenschaften: sehr stark wachsend, bis 3 m und höher.
Blütenfarbe: hellrosa.
Blütengröße und -form: klein, einfach.
Blühdauer: einmal blühend, (Juni).
Duft: schwach.
Tipps zur Verwendung: als robuste Wildrose vor allem für naturnahe Gärten und Wildhecken; wegen des starken Wuchses auf ausreichenden Abstand zu Pflanzpartnern achten.
Besonderheiten: *Rosa rubiginosa* trägt im Herbst zahlreiche rote Hagebutten, die den Garten in der kälteren Jahreszeit lange schmücken; Blätter duften beim Reiben nach Äpfeln (daher einer der deutschen Namen); alte, abgestorbene Zweige sollten alle drei bis vier Jahre herausgenommen werden.
Ähnliche Art/Sorte: *Rosa canina* (Hundsrose), sehr starkwüchsig, 3 m und höher, zum Teil breiter als 3 m; Blüten rosa, klein, im Herbst zahlreiche rote Hagebutten; *Rosa canina* 'Kiese' teilt fast alle Eigenschaften mit der Wildform, wächst aber etwas schwächer und besitzt deutlich größere Blüten; die Farbe ist dunkelrosa mit weißer Mitte.

Rosa hugonis

Chinesische Goldrose

Wuchseigenschaften: sehr starker Wuchs, bis etwa 2,50 m hoch und breit, weit überhängende Zweige.
Blütenfarbe: hellgelb.
Blütengröße und -form: Blüten klein, einfach.
Blühdauer: einmal blühend, aber zahlreiche Blüten; sehr frühe Blütezeit (im Mai).
Duft: nicht vorhanden.
Tipps zur Verwendung: wegen der außergewöhnlich frühen Blüte äußerst wertvoll; zur Blütezeit besonders mit Zwiebelpflanzen, Vergissmeinnicht und früh blühenden Stauden (vor allem Kaukasus-Vergissmeinnicht!) kombinieren; die roten bis schwarzroten Hagebutten reifen früh und halten nicht sehr lange an der Pflanze.

Rosa rubrifolia

VI–VII 2,50 m

Rosa rugosa

VI/VII–IX 1,50 m

Besonderheiten: Neben der frühen Blüte und der malerischen Wuchsform ist auch das hellgrüne, gefiederte und sich im Herbst schön färbende Laub sehr attraktiv.

Rosa rubrifolia

(Synonym: Rosa glauca)

Hechtrose, Rotblättrige Rose

Wuchseigenschaften: mittelstarker Wuchs, etwa 2 bis 2,50 m hoch, aufrecht wachsend, kaum breiter als 1 m.
Blütenfarbe: rosa mit großem weißem Auge.
Blütengröße und -form: klein, einfach.
Blühdauer: einmal blühend (im Juni/Juli), relativ kurze Blütezeit.
Duft: nicht vorhanden.
Tipps zur Verwendung: wegen geringer Größe und relativ schmalem Wuchs auch für kleine Gärten sehr gut geeigneten Rosen; aufgrund der Farbe der Blätter gut mit graublau belaubten Blütenpartnern wie Katzenminze oder Lavendel zu kombinieren.
Besonderheiten: Sowohl die ungewöhnliche graublaue Belaubung als auch die roten Zweige machen diese Wildrose zu einer Kostbarkeit unter den Wildrosen; im Herbst trägt die Rose zahlreiche rote Hagebutten.

Rosa rugosa

Kartoffelrose

Wuchseigenschaften: bis ca. 1,50 m hoch, aufrechte Triebe.
Blütenfarbe: dunkelrosa.
Blütengröße und -form: groß, einfach, tellerförmig.
Blühdauer: einmal reich blühend (Juni/Juli), danach fast ununterbrochen nachblühend bis in den Herbst.
Duft: leicht.
Tipps zur Verwendung: die Schönheit und Robustheit dieser Rose machen sie sehr vielfältig einsetzbar; in Rabatten und als Abschluss von Beeten kommt sie ebenso gut zur Geltung wie als halbhohe Hecke; wegen der anhaltenden Nachblüte und der reichen Fruchtbildung ist sie mit vielen Partnern kombinierbar; auch auf Standorten mit ärmeren Böden versagt die Rose nicht, sofern die Böden nicht kalkhaltig sind.
Besonderheiten: Bei dieser Rose zeigen sich zeitgleich mit der Ausbildung neuer Blüten die großen, reifenden Hagebutten; die gegen Krankheiten und Kälte sehr robuste Rose reagiert lediglich empfindlich auf stark kalkhaltige Böden; ein Rückschnitt alle zwei bis drei Jahre sorgt dafür, dass die Pflanze nicht zu staksig wird.
Empfehlenswerte Sorten: *Rosa rugosa* 'Alba', (weiß blühend, ansonsten in Eigenschaften und Ansprüchen fast wie *Rosa rugosa*); *Rosa rugosa* 'Dagmar Hastrup', (Blüten hell-

Rosa virginiana

VI–VII 1,50 m

rosa, kompakter und harmonischer im Wuchs als bei *Rosa rugosa*).

Rosa virginiana

Glanzrose

Wuchseigenschaften: bis ca. 1,5 m hoch, aufrechter Wuchs, überhängende Triebe.
Blütenfarbe: dunkelrosa.
Blütengröße und -form: klein, einfach; auffallende, gelbe Staubfäden.
Blühdauer: Juni bis Juli.
Duft: sehr schwach.
Tipps zur Verwendung: die Rose ist vielfältig einsetzbar; ideal ist sie als lockere Hecke, kann aber auch in tiefen gemischten Rabatten mit großer Tiefe verwendet werden; wegen der Nachblüte und der reichen Fruchtbildung ist sie mit vielen Partnern kombinierbar; auch auf Standorten mit ärmeren Böden einsetzbar.
Besonderheiten: Im Spätsommer werden viele kleine rote Hagebutten gebildet, die gemeinsam mit neuen Blüten erscheinen; da die Rose Ausläufer treibt, erfordert sie etwas Arbeitseinsatz.

Hoch hinaus: Kletter- und Rambler-Rosen

In diesem Kapitel sind alle Rosen zusammengefasst, welche die Eigenschaft des Kletterns mitbringen und sich zur Bepflanzung an Rankgerüsten, Ranksäulen, Bogengängen oder Bäumen eignen – unabhängig davon, wann die Sorten im Einzelnen entstanden sind. Hierunter befindet sich daher auch eine Reihe so genannter 'Historischer Rosen'.

'Albertine'

Wuchseigenschaften: bis ca. 4,5 m hoch.
Blütenfarbe: leuchtend rosa.
Blütengröße und -form: mittelgroß, in Büscheln.
Blühdauer: einmal blühend.
Duft: stark.
Tipps zur Verwendung: insbesondere an Pergolen, hohen Mauern oder in Bäumen; besonders zusammen mit violetten, blauen oder weißen Blütenpartnern, bevorzugt mit *Clematis*-Sorten (auf Blütezeit achten!).
Besonderheiten: die Rose besitzt auffallend dunkelgrünes Laub, das die Blüten sehr gut zur Geltung bringt; die weichen Triebe sollten regelmäßig angebunden werden, damit sie nicht knicken; bei ungünstigen Witterungsverhältnissen ist die Rose etwas anfällig für Mehltau; die Pflanze benötigt eine Rankhilfe (Rankgerüst, Spanndrähte oder Fixierung mit Bast oder Kokosstrick).

VI–VII 4,50 m

'Albertine'

'American Pillar'

VI–VII 5 m

'Bantry Bay'

VI–VII/IX 2,50 m

'Blaze Superior'

VI/VII–X 3 m

'American Pillar'

Wuchseigenschaften: bis ca. 5 m, sehr starkwüchsige Rambler-Rose.
Blütenfarbe: karminrot bis rosa mit weißem Auge; auffallende, gelbe Staubgefäße.
Blütengröße und -form: mittelgroß, einfach, in Büscheln.
Blühdauer: einmal, aber sehr reich blühend.
Duft: schwach.
Tipps zur Verwendung: am besten zum Bewachsen großer Pergolen und Rankbögen sowie in Bäumen; die intensive Farbe sollte mit tief dunkelvioletten oder dunkelblauen Blütenpartnern betont und aufgewertet werden.
Besonderheiten: Die Rose wächst am besten an Bäumen bzw. in Baumkronen, weil sie leichten Schatten besser verträgt als übermäßige Hitze; an sehr sonnigen Standorten benötigt sie einen ausreichend feuchten Boden; auch für Hochlagen geeignet; die Pflanze braucht eine Rankhilfe (Rankgerüst, Spanndrähte oder Fixierung mit Bast oder Kokosstrick).

'Bantry Bay'

Wuchseigenschaften: bis ca. 2,5 m hoch, kräftiger Wuchs.
Blütenfarbe: hellrosa.
Blütengröße und -form: mittelgroß, halb gefüllt, schalenförmig.
Blühdauer: öfter blühend, reich und lange blühend.
Duft: zart.
Tipps zur Verwendung: für Ranksäulen, Obelisken, Rankbögen und Rankgerüste, aber auch an kleinen Bäumen; gut vor allem mit blauen und violetten *Clematis*- oder Geißblatt-Sorten.
Besonderheiten: Die schon etwas ältere, aber empfehlenswerte Züchtung ist sehr gesund und robust; die Pflanze benötigt eine Rankhilfe (Rankgerüst, Spanndrähte oder Fixierung mit Bast oder Kokosstrick).

'Blaze Superior'

(Synonyme: 'Demokracie', 'Blaze Improved', 'New Blaze')

Wuchseigenschaften: starkwüchsig, bis ca. 3 m hoch.
Blütenfarbe: feurig scharlachrot.
Blütengröße und -form: mittelgroß, halbgefüllt.
Blütedauer: öfter bis dauerblühend, bis lange in den Herbst.
Duft: schwach.
Tipps zur Verwendung: insbesondere für Rankbögen und Rankgerüste, Pergolen und an Mauern, aber auch an Bäumen; gut vor allem mit blauen und violetten *Clematis*- oder Geißblatt-Sorten; die Pflanze benötigt eine Rankhilfe (Rankgerüst, Spanndrähte oder Fixierung mit Bast oder Kokosstrick).
Besonderheiten: keine.

'Bobby James'

Wuchseigenschaften: bis 6 m hoch, sehr starkwüchsig.
Blütenfarbe: cremeweiß.
Blütengröße und -form: mittelgroß, leicht gefüllt, in Dolden.
Blühdauer: einmal blühend.
Duft: stark.
Tipps zur Verwendung: insbesondere an Pergolen, hohen Mauern oder in Bäumen; besonders zusammen mit violetten, blauen oder weißen Blütenpartnern, bevorzugt mit starkwüchsigen *Clematis*-Sorten; die Pflanze benötigt eine Rankhilfe (Rankgerüst, Spanndrähte oder Fixierung mit Bast oder Kokosstrick).
Besonderheiten: nicht in jeder Baumschule zu bekommen, gehört aber zu den dankbarsten Rambler-Rosen.

'Coral Dawn'

Wuchseigenschaften: bis ca. 2,5 m hoch, aufrechter Wuchs, gut verzweigt.
Blütenfarbe: klares korallenrosa.
Blütengröße und -form: groß, edel geformt.
Blühdauer: öfter blühend, reich und dauerhaft blühend.
Duft: leicht.
Tipps zur Verwendung: wegen eher zurückhaltendem Wuchs an Hauswänden nahe dem Eingangsbereich, an Rankbögen oder in nicht zu hoch werdenden und nicht zu dicht belaubten Sträuchern; die Pflanze benötigt eine Rankhilfe (Rankgerüst, Spanndrähte oder Fixierung mit Bast oder Kokosstrick).
Besonderheiten: Die Rose zeichnet sich durch besonders robustes, krankheitsfreies Laub aus.

'Félicité et Perpetué'

Wuchseigenschaften: bis ca. 5 m Höhe, langtriebig.
Blütenfarbe: creme- bis reinweiß.
Blütengröße und -form: mittelgroß, gefüllt, in Büscheln.
Blühdauer: einmal sehr reich und lange blühend.
Duft: stark.
Tipps zur Verwendung: wegen des sehr starken Wuchses auch für größere Flächen, große Pergolen und größere Bäume geeignet; faszinierend zusammen mit stärker wachsenden großblumigen *Clematis*-Sorten (Blütezeit beachten!) oder großblumigen Rosen wie z. B. 'Zéphirine Drouhin'; die Pflanze benötigt eine Rankhilfe (Rankgerüst, Spanndrähte oder Fixierung mit Bast oder Kokosstrick).
Besonderheiten: Diese Sorte ist bereits seit 1827 in Kultur.

VI–VII 6 m

'Bobby James'

VI–VII 2,50 m

'Coral Dawn'

VI–VII 5 m

'Felicité et Perpetué'

'Flammentanz'

'Gerbe Rose'

'Gloire de Dijon'

'Flammentanz'

(Synonym: 'Flame Dance')

Wuchseigenschaften: bis ca. 4,5 m hoch, sehr stark und breit wachsend.
Blütenfarbe: leuchtend karminrot.
Blütengröße und -form: groß, gefüllt mit hoher Mitte, in Büscheln.
Blühdauer: einmal blühend.
Duft: leicht.
Tipps zur Verwendung: wegen des starken Wuchses auch für größere Flächen, Fassaden, große Pergolen und Bäume geeignet; besonders empfehlenswert zusammen mit violetten und blauen *Clematis*-Sorten (Blütezeit beachten!).
Besonderheiten: Die Blüten dieser frostharten Rose sind sehr wetterfest; das gesunde, sattgrüne Laub lässt die Blüten besonders gut zur Geltung kommen; die Pflanze benötigt wie alle Kletterrosen eine Rankhilfe (Rankgerüst, Spanndrähte oder Fixierung mit Bast oder Kokosstrick).

'Gerbe Rose'

Wuchseigenschaften: meist etwa 3 m hoch, teils auch deutlich darüber.
Blütenfarbe: dunkelrosa, lila und gelblich überhaucht.
Blütengröße und -form: groß, locker gefüllt.
Blühdauer: einmal blühend, in geringem Umfang remontierend.
Duft: stark, in den Abendstunden besonders ausgeprägt.
Tipps zur Verwendung: an Hauswänden in der Nähe von Eingangsbereichen und von Sitzplätzen (Duft!), an Rankbögen oder in nicht zu hoch wachsenden und nicht zu dicht belaubten Sträuchern.
Besonderheiten: Die Sorte verträgt keine heißen Südlagen; ihr dunkelgrünes Laub ist dekorativ und resistent gegen Krankheiten.

'Gloire de Dijon'

(Synonym: 'Old Glory')

Wuchseigenschaften: bis ca. 3,50 m hoch.
Blütenfarbe: sehr variantenreich und veränderlich, von rahmweiß und hellgelb bis bernsteinfarben und lachsrosa.
Blütengröße und -form: sehr groß, dicht gefüllt.
Blühdauer: öfter blühend.
Duft: sehr stark.
Tipps zur Verwendung: an Hauswänden in der Nähe von Eingangsbereichen und von Sitzplätzen (Duft!), auch an hohen Rankbögen, Pergolen und in nicht zu dicht belaubten Sträuchern; wegen vielgestaltiger Blütenfarbe besonders interessant mit nahezu allen anderen Farbtönen; die Pflanze benötigt eine Rankhilfe (Rankgerüst, Spanndrähte oder Fixierung mit Bast oder Kokosstrick).

'Goldregen'

VI/VII–IX 2,50 m

'Guinée'

VI–VII 3,50 m

'Ilse Krohn Superior'

VI/VII–IX 3 m

Besonderheiten: Bei dieser berühmten, sehr gesunden Sorte handelt es sich um eine kletternde Teerose, deren Blüten an Edelrosen erinnern.

'Goldregen'

Wuchseigenschaften: bis ca. 2,5 m hoch,bildet starke Triebe.
Blütenfarbe: goldgelb.
Blütengröße und -form: mittelgroß bis groß, gefüllt.
Blühdauer: öfter blühend, reich und dauerhaft blühend.
Duft: stark.
Tipps zur Verwendung: wegen des eher zurückhaltenden Wuchses an Hauswänden ideal an Plätzen nahe dem Eingangsbereich, an Säulen, Rankbögen oder in nicht zu hoch wachsenden und nicht zu dicht belaubten Sträuchern; die Pflanze benötigt eine Rankhilfe (Rankgerüst, Spanndrähte oder Fixierung mit Bast oder Kokosstrick).
Besonderheiten: die Kletterrose zeichnet sich in erster Linie durch ihre reiche Blütenfülle aus.

'Guinée'

Wuchseigenschaften: bis ca. 3,5 m hoch, aufrechter Wuchs.
Blütenfarbe: samtig dunkelrot, teils scharlachrot überlaufen, auffallende, goldgelbe Staubfäden.
Blütengröße und -form: groß, dicht gefüllt, schalenförmig.
Blütedauer: einmal blühend, in geringem Umfang remontierend.
Duft: stark, an warmen Tagen besonders intensiv.
Tipps zur Verwendung: an Hauswänden in der Nähe von Eingangsbereichen und Sitzplätzen (Duft!), auch an hohen Rankbögen, Pergolen und in nicht zu dicht belaubten Sträuchern; wegen der Blütenfarbe besonders interessant mit dunkelvioletten und dunkelblauen, weißen oder hellrosa Partnern; Pflanze benötigt eine Rankhilfe (Rankgerüst, Spanndrähte oder Fixierung mit Bast oder Kokosstrick).
Besonderheiten: Da die Rose etwas frostempfindlich ist, eignet sie sich in erster Linie für mildere Lagen.

'Ilse Krohn Superior'

Wuchseigenschaften: bis ca. 3 m hoch, aufrecht; bildet starke Triebe, Triebe an den Enden leicht bogenförmig.
Blütenfarbe: cremeweiß.
Blütengröße und -form: groß, dicht gefüllt, etwas edelrosenähnlich, in Büscheln.
Blütezeit/Blütedauer: öfter und reich blühend, langer Blütenflor bis in den Herbst.
Duft: stark.
Tipps zur Verwendung: an Hauswänden in der Nähe von Eingangsbereichen und von Sitzplätzen (Duft!), auch an Rankbögen; wegen der Blütenfarbe besonders interes-

sant mit anderen weißen oder hellrosa, dunkelvioletten und dunkelblauen Partnern; Pflanze benötigt eine Rankhilfe (Rankgerüst, Spanndrähte oder Fixierung mit Bast oder Kokosstrick).
Besonderheiten: die Sorte ist ein „Sport“ von 'Ilse Krohn'; das dunkelgrüne, gesunde Laub bringt die cremeweißen Blüten sehr schön zur Geltung; die Blüten sind etwas empfindlich und fallen bei starkem Regen leicht ab; die Pflanze braucht wie alle Kletterrosen eine Rankhilfe (Rankgerüst, Spanndrähte oder Fixierung mit Bast/Kokosstrick).

'Kiftsgate'

(Synonym: Rosa filipes *'Kiftsgate')*

Wuchseigenschaften: über 6 m hoch, sehr starkwüchsig, bogenförmige Triebe.
Blütenfarbe: rahmweiß.
Blütengröße und -form: klein, einfach, in Dolden.
Blühdauer:einmal spät blühend, reicher Blütenflor.
Duft: stark.
Tipps zur Verwendung: wegen des sehr starken Wuchses nur für größere Flächen, große Pergolen und größere Bäume geeignet; faszinierend zusammen mit stärker wachsenden großblumigen *Clematis*-Sorten (Blütezeit beachten!) oder mit Rosen in Pastelltönen wie z. B. 'Gloire de Dijon'; im Herbst viele rote Hagebutten, daher guter Partner für öfter blühende, rote Kletter- und Strauchrosen; die Pflanze benötigt eine Rankhilfe (Rankgerüst, Spanndrähte oder Fixierung mit Bast oder Kokosstrick).
Besonderheiten: Die Rose ist ein „Sport“ von *Rosa filipes*; Winterschutz ist besonders in rauen Lagen empfehlenswert

VII 6 m

'Kiftsgate'

'Maria Lisa'

VI–VII 4 m

'Maria Lisa'

Wuchseigenschaften: als Rambler-Rose recht starkwüchsig, bis ca. 4 m hoch, biegsame Triebe.
Blütenfarbe: hellkarminrot mit weißer Mitte; auffallende, gelbe Staubgefäße.
Blütengröße und -form: klein, einfach, in großen Rispen.
Blühdauer: einmal blühend, aber überreich und ausdauernd.
Duft: stark.
Tipps zur Verwendung: insbesondere für große Rankbögen und Rankgerüste, Pergolen und an Mauern; auch an Bäumen, durch die sich die langen Triebe gut ziehen lassen; gut vor allem mit blauen und violetten Blütenpartnern; die Pflanze benötigt eine Rankhilfe (Rankgerüst, Spanndrähte oder Fixierung mit Bast oder Kokosstrick)
Besonderheiten: Neben den Blüten ist auch das glänzende, frischgrüne Laub ein Vorzug dieser Rose.

'Morning Dawn'

Wuchseigenschaften: Bis bis ca. 3 m hoch, aufrechter Wuchs.
Blütenfarbe: hellrosa mit leichtem Lachston.
Blütengröße und -form: groß, dicht gefüllt, ballförmig, einzeln oder zu mehreren.
Blühdauer: öfter blühend.
Duft: stark.
Tipps zur Verwendung: an Hauswänden, Ranksäulen und Rankbögen; wegen der Blütenfarbe besonders interessant mit violetten und dunkelblauen Partnern; aufgrund des Öfterblühens zahlreiche Kombinationsmöglichkeiten; die Pflanze benötigt eine Rankhilfe (Rankgerüst, Spanndrähte oder Fixierung mit Bast oder Kokosstrick).
Besonderheiten: die vielfältig einsetzbare Kletterrose macht insbesondere durch ihre attraktiven, ballförmigen Blüten auf sich aufmerksam.

'New Dawn'

Wuchseigenschaften: bis ca. 3,5 m hoch, breit werdend; bildet starke Triebe, leicht überhängend.
Blütenfarbe: silbrig rosa.
Blütengröße und -form: groß, gefüllt, ähnlich einer Edelrose.
Blühdauer: öfter blühend, bildet bis in den Herbst immer wieder neue Blüten.
Duft: stark, nach Apfelblüten.
Tipps zur Verwendung: wegen des Duftes prädestiniert für Pergolen an Sitzplätzen und für eingangsnahe Fassaden, darüber hinaus sehr vielseitig verwendbar; ebenso gut mit weißen und hellrosa wie auch mit blauen und violetten Partnern.
Besonderheiten: vielleicht die beste Kletterrose überhaupt; aufgrund ihrer Vorzüge diente sie bereits zahlreichen Züchtern als Elternteil; zeichnet sich durch große Winterhärte und Krankheitsresistenz aus; wenn der spätere Blütenflor nicht entfernt wird, bilden sich zahlreiche hübsche Hagebutten; eignet sich auch hervorragend als Schnittblume; die Rose ist ein „Sport" von 'Dr. W. van Fleet'; die Pflanze benötigt eine Rankhilfe (Rankgerüst, Spanndrähte oder Fixierung mit Bast oder Kokosstrick).

'Parkdirektor Riggers'

Wuchseigenschaften: Bis bis ca. 3 m hoch, kräftige Triebe, breit wachsend.
Blütenfarbe: samtig blutrot; auffallende, gelbe Staubgefäße.
Blütengröße und -form: mittelgroß, halb gefüllt.
Blühdauer: öfter blühend.
Duft: nicht vorhanden.
Tipps zur Verwendung: an Hauswänden, Ranksäulen und Rankbögen; wegen Blütenfarbe besonders interessant mit dunkelvioletten Partnern; aufgrund des Öfterblühens zahlreiche Kombinationsmöglichkeiten; die Pflanze benötigt eine

'Morning Dawn'

'New Dawn'

'Parkdirektor Riggers'

‘Raubritter’

‘Rosarium Uetersen’

‘Super Excelsa’

Rankhilfe (Rankgerüst, Spanndrähte oder Fixierung mit Bast oder Kokosstrick).
Besonderheiten: dunkelgrün glänzendes Laub und breiter Wuchs sind Kennzeichen dieser Sorte.

‘Raubritter’

Wuchseigenschaften: bis ca. 3 m hoch, buschig, überhängende Triebe.
Blütenfarbe: rosa.
Blütengröße und -form: klein bis mittelgroß, dicht gefüllt, ballförmig, einzeln oder in Büscheln.
Blühdauer: einmal blühend, aber sehr reich und lausdauernd.
Duft: stark.
Tipps zur Verwendung: kann auch als Strauchrose gezogen werden, benötigt dann aber eine Stütze; ideale Partner sind *Clematis x jackmanii* und Geißbart-Sorten; die Pflanze benötigt eine Rankhilfe (Rankgerüst, Spanndrähte oder Fixierung mit Bast oder Kokosstrick).

Besonderheiten: die Rose kann, wenn sie gestützt wird, auch als Strauchrose gezogen werden.

‘Rosarium Uetersen’

Wuchseigenschaften: bis ca. 3 m hoch, reich verzweigt.
Blütenfarbe: erst lachsrosa, dann reinrosa; beim Verblühen heller werdend.
Blütengröße und -form: mittelgroß, rosettenähnlich, dicht gefüllt.
Blütedauer: öfter blühend, reich und ausdauernd blühend bis in den Herbst.
Duft: leicht.
Tipps zur Verwendung: diese Sorte kann auch als Strauchrose oder als Stammrose eingesetzt werden; wegen des intensiven Rosa ihrer Blüten bieten sich Blütenpartner in Violett oder Dunkelblau an.
Besonderheiten: Die Rose ist unter den rosan Kletterrosen eine der robustesten Sorten und diejenige, die als nahezu dauerblühend gilt und den ganzen Sommer über bis in den Herbst Freude bereitet.

‘Super Excelsa’

Wuchseigenschaften: bis ca. 2,5 m hoch; Triebe lang, weich und nicht sehr stark.
Blütenfarbe: karminrot bis rosa.
Blütengröße und -form: klein, dicht gefüllt, in Rispen.
Blühdauer: öfter blühend, reich und anhaltend bis in den Herbst.
Duft: leicht.
Tipps zur Verwendung: vielseitig verwendbar; empfehlenswert vor allem für kleinere Rankgerüste, Rosenbögen und für die Säulen von Pergolen, auch an kleineren Bäumen einsetzbar; die Rose eignet sich außerdem gut als Stammrose; die Pflanze benötigt eine Rankhilfe (Rankgerüst, Spanndrähte oder Fixierung mit Bast oder Kokosstrick).

'Sympathie'

VI/VII–IX 3,50 m

'Veilchenblau'

VI–VII 4 m

'Venusta Pendula'

VI–VII 6 m

Besonderheiten: Eine der größten Qualitäten dieser Rose ist ihre Robustheit und ihre Resistenz gegen Krankheiten.

'Sympathie'

Wuchseigenschaften: bis ca. 3,5 m hoch ; dichter Wuchs; kräftige , leicht bogenförmige Triebe.
Blütenfarbe: tief scharlachrot.
Blütengröße und -form: groß, gefüllt.
Blühdauer: öfter blühend; reich, früh und lange blühend.
Duft: leicht.
Tipps zur Verwendung: an Hauswänden, Ranksäulen und Rankbögen; wegen Blütenfarbe besonders interessant mit dunkelvioletten Partnern; wegen des öfterblühens zahlreiche Kombinationsmöglichkeiten; die Pflanze benötigt eine Rankhilfe (Rankgerüst, Spanndrähte oder Fixierung mit Bast oder Kokosstrick).
Besonderheiten: ‚Sympathie' wird seit langem gerne gepflanzt aufgrund ihres lange haltenden Blütenreichtums.

'Veilchenblau'

Wuchseigenschaften: ca. 4 m und höher, starke Triebe, fast stachellos.
Blütenfarbe: purpurviolett mit weißem Auge.
Blütengröße und -form: klein, locker gefüllt, in Büscheln.
Blühdauer: einmal reich blühend.
Duft: leicht.
Tipps zur Verwendung: wegen des sehr starken Wuchses auch für größere Flächen, zur Begrünung von Fassaden, große Pergolen und für Bäume geeignet; die Pflanze benötigt Platz zur Entfaltung und sollte nicht zu nahe an schwach wachsende Partner gepflanzt werden; da sie nur einmal blüht, müssen die – vorzugsweise roten, rosan oder weißen – Blütenpartner sehr sorgfältig ausgewählt werden; die Pflanze benötigt eine Rankhilfe (Rankgerüst, Spanndrähte oder Fixierung mit Bast oder Kokosstrick).
Besonderheiten: Die wolkenartigen kleinen Blüten und der malerische Wuchs mit den langen Trieben bilden zusammen mit dem frischgrünen Laub eine höchst romantische Gesamterscheinung.

'Venusta Pendula'

Wuchseigenschaften: bis ca. 6 m; bildet sehr lange, dünne und weiche Triebe; junge Triebe sind grünlich-violett bereift.
Blütenfarbe: weiß, teils mit verschiedenen Rosatönen.
Blütengröße und -form: mittelgroß, halb gefüllt, tellerförmig.
Blühdauer: einmal sehr reich blühend.
Duft: leicht.
Tipps zur Verwendung: wegen des sehr starken Wuchses auch für grö-

ßere Flächen geeignet, insbesondere zur Begrünung von großen Pergolen und Bäumen, wo die herabhängenden Triebe besonders reizvoll wirken; die Pflanze benötigt Platz zur Entfaltung und sollte nicht zu nahe an schwach wachsende Partner gepflanzt werden; wegen der nur einmaligen Blüte müssen die Blütenpartner sehr sorgfältig ausgewählt werden; die Pflanze benötigt eine Rankhilfe (Rankgerüst, Spanndrähte oder Fixierung mit Bast oder Kokosstrick).
Besonderheiten: gehört zu den starkwüchsigsten Rambler-Rosen und trägt auch sehr hübsche Hagebutten.

'Zéphirine Drouhin'

(Synonyme: 'Belle Dijonnaise', 'Charles Bonnet', 'Mme Gustave Bonnet', 'Ingegnoli Prediletta')

Wuchseigenschaften: ca. 3–4 m hoch, unbewehrte Triebe.
Blütenfarbe: leuchtend karminrot bis rosa.
Blütengröße und -form: mittelgroß, halb gefüllt, flach, becherförmig.
Blühdauer: einmal blühend, in geringem Umfang remontierend.
Duft: stark.
Tipps zur Verwendung: gut in Bäumen wie auch in Einzelstellung, sollte aber nicht an Mauern gepflanzt werden; wegen der Farbe vor allem mit dunkelblauen oder violetten Blütenpartnern kombinieren; reizvolle Partner sind etwa die Rambler-Rose 'Veilchenblau' sowie zahlreiche groß- und kleinblumige *Clematis*-Sorten; kann auch als Strauchrose eingesetzt werden; benötigt als Kletterrose eine Rankhilfe (Rankgerüst, Spanndrähte oder Fixierung mit Bast oder Kokosstrick).
Besonderheiten: seit 1868 im Handel; sehr robuste Blüte, die auch Regen gut verträgt.

Ganz groß in der Blütenfülle: Beetrosen

Unter dem Begriff Beetrosen werden Polyantha- und Floribunda-Rosen zusammengefasst, die sich durch gemäßigten Wuchs und eine größere Anzahl von Blüten auszeichnen. Wie der Name bereits andeutet, eignen sich Beetrosen besonders für halbhohe gemischte Rabatten und Beete, aber auch zur Pflanzung vor größeren Rosen und Blütengehölzen.

'Bella Weiß'

Wuchseigenschaften: eher niedrig bleibend, bis ca. 60 cm hoch.
Blütenfarbe: reinweiß.
Blütengröße und -form: klein bis mittelgroß, fast kugelig, dicht gefüllt.
Blühdauer: öfter bis dauerblühend, sehr reicher Blütenflor.

VI–VII 4 m

'Zéphirine Drouhin'

VI/VII–IXI 0,6 m

'Bella Weiß'

'Bernstein Rose'

'Betty Prior'

'Bonica '82'

Duft: schwach.
Tipps zur Verwendung: insbesondere für Mischpflanzungen in Beet und Rabatte; wegen geringer Höhe nicht zu weit hinten platzieren (!); mit fast allen übrigen Blütenfarben zu kombinieren.
Besonderheiten: Die Sorte ist ein „Sport" von 'Bella Rosa'.

'Bernstein Rose'

(Synonym: 'Amaroela')

Wuchseigenschaften: bis ca. 60 cm hoch, buschig, dichte Belaubung.
Blütenfarbe: gelb bis bernsteinfarben.
Blütengröße und -form: mittelgroß, gefüllt, flach.
Blühdauer: öfter und sehr reich blühend, bis in den Herbst.
Duft: leicht.
Tipps zur Verwendung: die Sorte kann wegen des romantisch anmutenden, an Englische Rosen erinnernden Blütenflors sehr gut zusammen mit wolkig blühenden Stauden in gemischten Rabatten zusammengepflanzt werden; am besten sind dunkelblaue und dunkelviolette Partner.
Besonderheiten: Die Blüten dieser Sorte sind sehr wetterfest und regenbeständig, das Laub ist sehr dekorativ und gesund.

'Betty Prior'

Wuchseigenschaften: bis ca. 1 m hoch.
Blütenfarbe: karminrot bis rosa, nach innen aufhellend, mit weißem Auge.
Blütengröße und -form: klein bis mittelgroß, einfach, schalenförmig, in großen Dolden.
Blühdauer: öfter und reich blühend, bis in den Herbst.
Duft: nicht vorhanden.
Tipps zur Verwendung: wegen des etwas stärkeren, strauchrosenähnlichen Wuchses sollte diese Sorte in Beet oder Rabatte nicht zu weit nach vorne gepflanzt werden; auch für natürlich aussehende Hecken sehr passend; sie eignet sich besonders zur Kombination mit blauen und violetten Partnern.
Besonderheiten: Diese bereits sehr alte und vielfach bewährte Sorte zeichnet sich durch große Robustheit aus; die Rose bildet nach den Blüten zahlreiche reizvolle Hagebutten.

'Bonica '82'

Wuchseigenschaften: ca. 60 cm hoch, buschiger Wuchs, reich verzweigt, äußere Triebe überhängend.
Blütenfarbe: hellrosa.
Blütengröße und -form: mittelgroß, dicht gefüllt, mit offener Mitte, in breiten Büscheln.
Blühdauer: öfter und reich blühend.
Duft: leicht.
Tipps zur Verwendung: in Rabatten und Beeten auch in vorderer Reihe, vor allem mit blauen und violetten

'Chinatown'

'Edelweiß'

'Europeana'

Partnern; eignet sich auch sehr gut als Stammrose.
Besonderheiten: Die Rose bildet nach den Blüten zahlreiche reizvolle Hagebutten aus; sie besitzt sehr gesundes Laub und ist allgemein äußerst robust.

'Chinatown'

Wuchseigenschaften: bis ca. 1,2 m hoch, sehr wuchsfreudig, lange und starke Triebe.
Blütenfarbe: gelb, teils mit einem Hauch Rosa.
Blütengröße und -form: einzeln oder in Büscheln.
Blühdauer: öfter blühend, bis in den Herbst.
Duft: stark, nach Pfirsich.
Tipps zur Verwendung: für gemischte Rabatten und Beete in hinterer Reihe, auch für halbhohe Hecken; idealerweise zusammen mit blauen und violetten Stauden und Gehölzen.
Besonderheiten: Die Pflanze besitzt sehr reizvolles, dunkles Laub, vor dem die leuchtend gelben Blüten hervorragend zur Geltung kommen.

'Edelweiß'

(Synonym: 'Snow Line')

Wuchseigenschaften: ca. 50 cm hoch, buschiger Wuchs.
Blütenfarbe: cremeweiß mit gelblicher Mitte.
Blütengröße und -form: mittelgroß, gefüllt.
Blühdauer: öfter blühend.
Duft: leicht.
Tipps zur Verwendung: in gemischten Rabatten und Beeten, kann wegen des zurückhaltenden Wuchses auch recht weit vorne platziert werden.
Besonderheiten: Die Blüten können nach starkem Regen rosa Flecken bekommen, was ihre Schönheit aber kaum beeinträchtigt.

'Europeana'

Wuchseigenschaften: ca. 50 cm hoch, buschiger Wuchs, reich verzweigt.
Blütenfarbe: tief blutrot, beim Verblühen und bei Hitze zu Karminrot aufhellend.
Blütengröße und -form: mittelgroß, gefüllt, rosettenähnlich angeordnete Blütenblätter.
Blühdauer: öfter und reich blühend.
Duft: nicht vorhanden.
Tipps zur Verwendung: vor allem in gemischten Beeten und Rabatten; bevorzugt mit blauen und violetten Partnern; kann wegen des zurückhaltenden Wuchses auch recht weit vorne platziert werden.
Besonderheiten: Die Sorte trägt attraktives, dunkelgrünes Laub; bei Hitze etwas anfällig für Mehltau, daher möglichst in teilweise beschattete Bereiche pflanzen und Boden feucht halten!

'Fair Play'

VI/VII–IX 1 m

'La Paloma'85'

VI/VII–IX/X 0,50 m

'La Sevillana'

VI/VII–IX 0,80 m

'Fair Play'

Wuchseigenschaften: bis ca. 1 m hoch, breit wachsend.
Blütenfarbe: hellrot bis hellviolett.
Blütengröße und -form: mittelgroß, halb gefüllt, in Büscheln.
Blühdauer: öfter blühend, sehr reich und ausdauernd blühend.
Duft: stark.
Tipps zur Verwendung: Wegen des strauchrosenähnlichen Wuchses in hinterer Reihe platzieren, wirkt wegen des buschigen Wuchses gut als Formbildner; kann gleichermaßen mit weißen, rosa, blauen und violetten Partnern kombiniert werden.
Besonderheiten: Einer der besten Dauerblüher unter den Rosen!

'La Paloma '85'

(Synonym: 'The Dove')

Wuchseigenschaften: ca. 50 cm hoch, buschiger, aufrechter Wuchs, reich verzweigt.
Blütenfarbe: rahmweiß, zur Mitte etwas cremegelb.
Blütengröße und -form: groß, gefüllt, einzeln oder in großen Dolden.
Blühdauer: öfter blühend, lang anhaltender und reicher Blütenflor bis in den Herbst.
Duft: schwach.
Tipps zur Verwendung: insbesondere für Mischpflanzungen in Beet und Rabatte; wegen geringer Höhe nicht zu weit hinten platzieren (!); mit praktisch allen übrigen Blütenfarben zu kombinieren.
Besonderheiten: Die Blüten sind insbesondere für die einer weißen Rose sehr wetterbeständig; das Laub ist sehr gesund; es handelt sich insgesamt um eine sehr robuste Sorte.

'La Sevillana'

Wuchseigenschaften: ca. 80 cm hoch, buschiger Wuchs, locker verzweigt.
Blütenfarbe: hellblutrot, später scharlachrot; mit auffallenden, gelben Staubgefäßen.
Blütengröße und -form: mittelgroß, halb gefüllt, schalenförmig, in Büscheln.
Blühdauer: öfter blühend, sehr gut haltbare Blüten.
Duft: nicht vorhanden.
Tipps zur Verwendung: vor allem in gemischten Beeten und Rabatten, allerdings nicht ganz außen; am besten zusammen mit blauen und violetten Blütenpartnern.
Besonderheiten: Das glänzend dunkelgrüne Laub lässt die Blüten besonders gut zur Geltung kommen; diese Sorte ist etwas regenempfindlich.

'Margaret Merril'

VI/VII–IX 0,80 m

'Margaret Merril'

Wuchseigenschaften: bis ca. 80 cm hoch, aufrechter Wuchs, buschig, reich verzweigt.
Blütenfarbe: weiß, teils mit einem Hauch von Rosa; mit auffallenden, gelben Staubgefäßen.
Blütengröße und -form: groß, gefüllt, mit offener Mitte, in großen Büscheln.
Blühdauer: öfter blühend.
Duft: stark, köstlich!
Tipps zur Verwendung: vor allem in gemischten Beeten und Rabatten, kann wegen des zurückhaltenden Wuchses auch recht weit vorne platziert werden; der wunderbar intensive Duft macht diese Sorte vor allem geeignet für Beete an Eingängen, Durchgängen und Sitzplätzen.
Besonderheiten: Eine der am besten duftenden Beetrosen! Die Blüten sind trotz der weißen Farbe sehr wetterfest.

'Märchenland'

VI/VII+IX/X 1,50 m

'Märchenland'

Wuchseigenschaften: bis ca. 1,50 m hoch, sehr starker Wuchs, breitbuschig wachsend, Triebe bogenförmig geneigt.
Blütenfarbe: lachsrosa, dann reinrosa.
Blütengröße und -form: groß, halb gefüllt, schalenförmig.
Blühdauer: öfter blühend, Blühpause im Hochsommer.
Duft: schwach.
Tipps zur Verwendung: Vor allem in gemischten Beeten und Rabatten, bevorzugt mit blauen und violetten Partnern zu kombinieren.
Besonderheiten: Die Rose ist sehr robust und öffnet fast durchgehend immer neue Blüten; wird sie ein oder zwei Jahre nicht geschnitten, erreicht sie die Größe und Form einer Strauchrose.

'Montana'

Wuchseigenschaften: bis ca. 80 cm hoch, kräftige Triebe.
Blütenfarbe: hellrot bis scharlachrot.
Blütengröße und -form: mittelgroß, leicht gefüllt, etwas gewellte Blütenblätter.
Blühdauer: öfter blühend.
Duft: nicht vorhanden.
Tipps zur Verwendung: vor allem in gemischten Beeten und Rabatten, bevorzugt mit blauen und violetten Blütenpartnern.
Besonderheiten: Diese Sorte besitzt sehr attraktives, dunkelgrünes Laub und ist äußerst frosthart.

VI/VII–IX 0,80 m

'Montana'

'Mountbatten'

VI/VII–IX 1 m

'Mountbatten'

Wuchseigenschaften: bis ca. 1 m hoch, kräftige Triebe, starkwüchsig, dicht belaubt, buschig.
Blütenfarbe: gelb, bei heißem Wetter zu Hellgelb tendierend.
Blütengröße und -form: groß, anfangs becherförmig, voll geöffnet eher flach, auf langen Stielen (oft zu mehreren).
Blühdauer: öfter und reich blühend.
Duft: stark.
Tipps zur Verwendung: vielseitig einsetzbar, etwa in gemischten Rabatten mit anderen Gehölzen und Stauden; dort wegen buschigem Wuchs besonders attraktiv; als Pflanzpartner sind vor allem blau bzw. blauviolett blühende Stauden und Gehölze zu empfehlen (z. B. Lavendel, Salbei, Katzenminze).
Besonderheiten: Neben der Blüte ist auch das gesunde, dunkelgrüne Laub ein Blickfang.

'Nina Weibull'

Wuchseigenschaften: ca. 60 cm hoch, breit wachsend, buschig.
Blütenfarbe: blutrot, bei Hitze und beim Verblühen heller.
Blütengröße und -form: mittelgroß, dicht gefüllt, rosettenartig angeordnete Blütenblätter.
Blühdauer: öfter blühend
Duft: nicht vorhanden.
Tipps zur Verwendung: vor allem in gemischten Beeten und Rabatten, kann 'Nina Weibull' wegen des zurückhaltenden Wuchses auch recht weit vorne platziert werden; bevorzugt mit blauen und violetten Partnern.
Besonderheiten: Die Rose zeichnet sich besonders durch die gute Haltbarkeit der Blütenfarbe aus.

VI/VII–IX 0,60 m

'Nina Weibull'

'Pink La Sevillana'

VI/VII–IX 0,80 m

'Pink La Sevillana'

(Synonyme: 'Pink Sevillana', 'Rosy La Sevillana')

Wuchseigenschaften: ca. 80 cm hoch, buschiger Wuchs, locker verzweigt.
Blütenfarbe: dunkelrosa, später aufhellend.
Blütengröße und -form: mittelgroß, halb gefüllt, schalenförmig, in Büscheln.
Blühdauer: öfter blühend.
Duft: schwach.
Tipps zur Verwendung: vor allem in gemischten Beeten und Rabatten, kann die Rose wegen des zurückhaltenden Wuchses auch recht weit vorne platziert werden; vor allem mit blauen und violetten Blütenpartnern.
Besonderheiten: Die Sorte ist ein „Sport" von 'La Sevillana'.

'Rumba'

Wuchseigenschaften: ca. 60 cm hoch, buschiger Wuchs, dichte Belaubung.
Blütenfarbe: von goldgelb über kupferfarben bis rot.
Blütengröße und -form: klein bis mittelgroß, gefüllt.
Blühdauer: öfter blühend.
Duft: nicht vorhanden.
Tipps zur Verwendung: vor allem in gemischten Beeten und Rabatten; kann wegen des zurückhaltenden Wuchses auch recht weit vorne platziert werden; sehr gut mit praktisch allen Blütenfarben zu kombinieren.
Besonderheiten: eine wahre Kostbarkeit, die mit ihrem vielgestaltigen Farbenspiel verzaubert!

VI/VII–IX 0,60 m

'Rumba'

'Sommerwind'

VI/VII–IX 0,60 m

'The Fairy'

VI/VII–IX/X 0,50 m

'Sommerwind'

Wuchseigenschaften: bis ca. 60 cm hoch, breit wachsend, buschig, reich verzweigt.
Blütenfarbe: reinrosa; mit auffallenden, gelben Staubgefäßen.
Blütengröße und -form: mittelgroß, locker gefüllt, in Büscheln.
Blühdauer: öfter blühend.
Duft: schwach.
Tipps zur Verwendung: vor allem in gemischten Beeten und Rabatten, kann wegen des zurückhaltenden Wuchses auch recht weit vorne platziert werden; am besten zusammen mit hellviolettblauen Blütenpartnern (z. B. Katzenminze).
Besonderheiten: Die Rose hat Ähnlichkeiten mit 'The Fairy', besitzt aber größere Blüten; sie ist auffallend robust und widerstandsfähig.

'The Fairy'

Wuchseigenschaften: bis ca. 50 cm hoch, Triebe überhängend.
Blütenfarbe: rosa.
Blütengröße und -form: klein, dicht gefüllt, in zahlreichen Büscheln.
Blühdauer: öfter blühend, reich und dauerhaft bis in den Herbst.
Duft: schwach.
Tipps zur Verwendung: vor allem in gemischten Beeten und Rabatten, kann wegen des zurückhaltenden Wuchses recht weit vorne platziert werden; sie kann auch als lockerer Bodendecker eingesetzt werden; am besten zusammen mit hellviolettblauen Blütenpartnern (z. B. Katzenminze).
Besonderheiten: Diese bereits 1932 gezüchtete, klassische Rose sollte eigentlich in keinem Garten fehlen! Sie ist auch sehr robust und trägt zu ihren kleinen Blüten reizvolle kleine Blättchen.

'The Queen Elizabeth Rose'

(Synonym: 'Queen Elizabeth')

Wuchseigenschaften: bis ca. 1,2 m hoch, starkwüchsig, straff aufrecht; starke, wenig bewehrte Triebe.
Blütenfarbe: hellrosa bis silbrig rosa.
Blütengröße und -form: so groß wie die Blüte einer Edelrose, locker gefüllt, anfangs becherförmig, dann flacher.
Blühdauer: öfter blühend, ausdauernd bis in den Herbst.
Duft: stark, fruchtig-süß.
Tipps zur Verwendung: vor allem in gemischten Beeten und Rabatten, aber wegen der wunderbaren Blüte und der majestätischen Erscheinung an herausgehobenen Plätzen; sogar für etwas schattige Standorte geeignet.
Besonderheiten: Diese etwas ältere Sorte gehört zu den berühmtesten und auch besten Rosen überhaupt; ihre größten Vorzüge sind die Farbe und Form der Blüten und ihre Widerstandsfähigkeit.

Alles für die Einzelblüte: Edelrosen

'Alexandra'

(Synonym: 'Alexander')

Wuchseigenschaften: bis ca. 90 cm hoch, kräftiger Wuchs, buschig, zahlreiche Triebe.
Blütenfarbe: kupferfarben-orange mit Gelb.
Blütengröße und -form: mittelgroß, dicht gefüllt, innere Blütenblätter in Form eines Wirbels, einzeln stehend.
Blühdauer: öfter blühend, dauerhaft bis in den Herbst.
Duft: stark.
Tipps zur Verwendung: die Rose kann sehr gut für Beete oder gemischte Rabatten verwendet werden, sollte aber einen herausgehobenen Platz bekommen.
Besonderheiten: Die Sorte zeichnet sich durch besondere Frosthärte aus.

'Barkarole'

Wuchseigenschaften: bis ca. 1 m hoch, straffer aufrechter Wuchs, dunkelrote Triebe.
Blütenfarbe: samtiges Dunkelrot.
Blütengröße und -form: mittelgroß, stark gefüllt, einzeln stehend.
Blühdauer: öfter blühend, bis in den Herbst.
Duft: leicht bis mittelstark, angenehm.
Tipps zur Verwendung: die Rose kann sehr gut für Beete oder gemischte Rabatten verwendet werden, sollte aber einen herausgehobenen Platz bekommen; besonders gute Partner sind dunkelblau oder dunkelviolett blühende Stauden und Gehölze.

VI/VII–IX/X 1,20 m

'The Queen Elizabeth Rose'

VI/VII–IX/X 0,90 m

'Alexandra'

VI/VII–IX/X 1 m

'Barkarole'

Besonderheiten: Neben ihrer wunderbaren Farbe haben die Blüten den besonderen Vorzug, dass sie wetterfest sind und besonders gut duften.

'Berolina'

Wuchseigenschaften: bis ca. 1 m hoch, aufrecht wachsend, gute Verzweigung.
Blütenfarbe: hellgelb, teils mit rötlichem Hauch.
Blütengröße und -form: groß, stark gefüllt.
Blühdauer: öfter blühend.
Duft: stark, typischer Teerosenduft.
Tipps zur Verwendung: die Rose kann sehr gut für Beete oder gemischte Rabatten verwendet werden, sollte aber einen herausgehobenen Platz bekommen.
Besonderheiten: die Rose eignet sich auch sehr gut als Schnittblume.

'Burgund '81'

Wuchseigenschaften: ca. 90 cm hoch, buschiger Wuchs, reich verzweigt.
Blütenfarbe: leuchtend blutrot.
Blütengröße und -form: sehr groß, dicht gefüllt.
Blühdauer: öfter blühend.
Duft: mittelstark.
Tipps zur Verwendung: die Rose kann sehr gut für Beete oder gemischte Rabatten verwendet werden, sollte aber aufgrund der attraktiven Blüten einen herausgehobenen Platz bekommen.
Besonderheiten: die Sorte zeichnet sich insbesondere durch ihre Wetterfestigkeit und ihr dunkelgrünes, attraktives Laub aus.

'Carina'

Wuchseigenschaften: bis ca. 1 m hoch, straff aufrechter Wuchs, buschiger Habitus.
Blütenfarbe: dunkelrosa bis silbrig rosa.
Blütengröße und -form: mittelgroß, dicht gefüllt.
Blühdauer: öfter und reich blühend.
Duft: schwach.
Tipps zur Verwendung: die Rose kann sehr gut für Beete oder gemischte Rabatten verwendet werden, sollte aber einen herausgehobenen Platz bekommen; am besten mit blauen/violetten Partnern.
Besonderheiten: diese Sorte ist eine hervorragende (!) Schnittrose, ein weiterer Vorteil ist ihr attraktives, zart glänzendes Laub.

'Duftstern'

Wuchseigenschaften: bis ca. 80 cm hoch, aufrechter Wuchs.
Blütenfarbe: lachsrot bis orange.
Blütengröße und -form: groß, gefüllt, meist einzeln stehend.
Blühdauer: öfter blühend.
Duft: stark.

'Duftwolke'

VI/VII–IX 0,60 m

'Elina'

VII–IX 1 m

'Erotika'

VI/VII–IX 0,90 m

Tipps zur Verwendung: die Rose kann sehr gut für Beete oder gemischte Rabatten verwendet werden, sollte aber einen herausgehobenen Platz bekommen; blaue oder violette, aber auch dunkelgelbe Blütenpartner harmonieren ideal.
Besonderheiten: Neben der 'Duftwolke' eine der wertvollsten Duftpflanzen unter den Edelrosen!

'Duftwolke'

(Synonyme: 'Fragrant Cloud', 'Nuage Parfumé')

Wuchseigenschaften: bis ca. 60 cm hoch.
Blütenfarbe: korallenrot.
Blütengröße und -form: sehr groß, dicht gefüllt, einzeln oder in Büscheln.
Blühdauer: öfter blühend.
Duft: sehr stark.
Tipps zur Verwendung: die Rose kann sehr gut für Beete oder gemischte Rabatten verwendet werden, sollte aber einen herausgehobenen Platz bekommen; gute Partner sind blaue und violette Stauden und Gehölze.
Besonderheiten: Eine der besten Edelrosen für Duftgärten!

'Elina'

Wuchseigenschaften: bis ca. 1 m hoch, starkwüchsig, buschiger Wuchs.
Blütenfarbe: intensiv cremegelb.
Blütengröße und -form: sehr groß, gefüllt.
Blühdauer: öfter und reich blühend, relativ späte erste Blüte.
Duft: stark.
Tipps zur Verwendung: die Rose kann sehr gut für Beete oder gemischte Rabatten verwendet werden, sollte aber einen herausgehobenen Platz bekommen.
Besonderheiten: diese Sorte eignet sich auch sehr gut als Schnittblume.

'Erotika'

Wuchseigenschaften: bis ca. 90 cm hoch, straff aufrechter Wuchs, buschig, kräftige Triebe.
Blütenfarbe: karminrot bis blutrot.
Blütengröße und -form: groß, gefüllt, Blütenblätter leicht gewellt.
Blühdauer: öfter und sehr reich blühend.
Duft: stark.
Tipps zur Verwendung: die Rose kann sehr gut für Beete oder gemischte Rabatten mit blauen, violetten oder weißen Partnern verwendet werden, sollte aber einen herausgehobenen Platz bekommen.
Besonderheiten: sehr gut als Schnittrose geeignet!

'Glendora'

Wuchseigenschaften: ca. 1 m hoch.
Blütenfarbe: hellrosa bis cremefarben, gefüllt, einzeln oder in Büscheln.

Blütengröße und -form: groß, edelrosentypisch.
Blühdauer: öfterblühend
Duft: stark, süßlich.
Tipps zur Verwendung: die Rose kann sehr gut für Beete oder gemischte Rabatten verwendet werden, sollte aber einen herausgehobenen Platz bekommen.
Besonderheiten: die Rose zeichnet sich insbesondere durch sehr gute Farbbeständigkeit aus, sie reinigt sich sehr gut selbst.

'Gloria Dei'

(Synonyme: 'Mme A. Meilland', 'Peace', 'Gioia')

Wuchseigenschaften: bis ca. 1 m hoch, straff aufrechter Wuchs, breitbuschig, starke Triebe.
Blütenfarbe: gelb mit Rosa in verschiedenen, veränderlichen Nuancen.
Blütengröße und -form: sehr groß, dicht gefüllt, flach.
Blühdauer: öfter blühend.
Duft: leicht.
Tipps zur Verwendung: vielseitig kombinierbar mit weißen, gelben, rosa, blauen oder violetten Partnern; die Rose kann sehr gut für Beete oder gemischte Rabatten verwendet werden, sollte aber einen herausgehobenen Platz bekommen; wird zum Teil auch als Stammrose angeboten.
Besonderheiten: eine der berühmtesten Rosen und sicherlich die berühmteste Edelrose; ihr besonderer Reiz liegt im unvergleichlichen Farbenspiel ihrer Blüten.

'Lady Rose'

(Synonym: 'Kordes Rose Lady Rose')

Wuchseigenschaften: bis etwa 90 cm hoch, buschig wachsend.
Blütenfarbe: lachsrot.
Blütengröße und -form: sehr groß, gefüllt, becherförmig, mit hoher Mitte, einzeln oder in Büscheln.
Blühdauer: öfter und sehr reich blühend.
Duft: stark.
Tipps zur Verwendung: insbesondere in gemischten Beeten und Rabatten; bevorzugt zusammen mit blauen, violetten und weißen Blütenpartnern.
Besonderheiten: Diese Sorte ist hervorragend als Schnittrose geeignet und besitzt besonders gesundes, dichtes, mattglänzendes Laub.

'Michèle Meilland'

Wuchseigenschaften: bis ca. 80 cm hoch, langstielig, wenig verzweigt.
Blütenfarbe: hellrosa, später zartrosa; bei heißer Witterung heller.
Blütengröße und -form: groß, locker gefüllt, Knospen lang und schlank, Blüten meist einzeln am Ende der langen Stiele.
Blühdauer: öfter blühend, bis in den Herbst.
Duft: sehr gering.

VI/VII–IX 1 m

'Glendora'

VI/VII–IX 0,90 m

'Lady Rose'

VI/VII–IX 0,80 m

'Michèle Meilland'

'Red Star'

VI/VII–IX 0,90 m

'Tea Time'

VI/VII–IX 0,80 m

'Yves Piaget'

VI/VII–IX 1 m

Tipps zur Verwendung: vor allem in gemischten Rabatten und Beeten; am besten zusammen mit buschigen Stauden und Gehölzen pflanzen!
Besonderheiten: Die Rose eignet sich vorzüglich als Schnittblume.

'Red Star'

(Synonyme: 'Opa Pötschke', vormals auch 'Precious Platinum')

Wuchseigenschaften: bis ca. 90 cm hoch, kräftiger Wuchs, buschig.
Blütenfarbe: intensiv blutrot.
Blütengröße und -form: mittelgroß, gefüllt.
Blühdauer: öfter blühend.
Duft: schwach.
Tipps zur Verwendung: vor allem in gemischten Rabatten und Beeten; am besten zusammen mit buschigen Stauden und Gehölzen pflanzen (!); blaue und violette Partner sollten bevorzugt werden.
Besonderheiten: Diese Sorte ist hervorragend als Schnittblume geeignet.

'Tea Time'

Wuchseigenschaften: bis ca. 80 cm hoch, aufrecht, kräftiger Wuchs.
Blütenfarbe: gelborange mit rotem Hauch.
Blütengröße und -form: groß, gefüllt.
Blühdauer: öfter blühend.
Duft: angenehm.
Tipps zur Verwendung: vor allem in gemischten Rabatten und Beeten; am besten zusammen mit buschigen Stauden und Gehölzen pflanzen (!); geeignet sind gelbe und hellrote Partner.
Besonderheiten: Interessant vor allem wegen der farblich vielgestaltigen Zeichnung der Blüten.

'Yves Piaget'

(Synonyme: 'Queen Adelaide', 'The Royal Brompton Rose')

Wuchseigenschaften: bis ca. 1 m hoch, buschig, dicht belaubt.
Blütenfarbe: dunkelrosa.
Blütengröße und -form: mittelgroß, ballförmig, dicht gefüllt, ähnlich vielen Alten Rosen.
Blühdauer: öfter blühend.
Duft: stark, süß.
Tipps zur Verwendung: vor allem in gemischten Rabatten und Beeten; am besten zusammen mit hellrosa, weißen oder blauen Stauden und Gehölzen pflanzen!
Besonderheiten: bei sehr feuchter Witterung manchmal anfällig für Sternrußtau.

Blühende Teppiche: Bodendeckende Rosen

'Fiona'

Wuchseigenschaften: bis ca. 1 m hoch, dichter Wuchs, stark überhängende Triebe, geschlossene Polster bildend.
Blütenfarbe: dunkelrot.
Blütengröße und -form: mittelgroß, wenig gefüllt.
Blühdauer: öfter blühend, nahezu durchblühend
Duft: leicht.
Tipps zur Verwendung: vielseitig einsetzbar, besonders in gemischten Rabatten mit blauen, violetten und weißen Blütenpartnern.
Besonderheiten: Die Pflanze besitzt glänzendes, besonders gesundes Laub; Pflanze bildet, wenn Blüten nicht abgeschnitten werden, viele reizvolle Hagebutten.

'Lavender Dream'

Wuchseigenschaften: bis ca. 60 cm hoch, reiche Verzweigung, lockerer Aufbau.
Blütenfarbe: lavendelfarben bis hellviolett, mit der Zeit im Inneren aufhellend, mit gut sichtbaren gelben Staubgefäßen.
Blütengröße und -form: klein, halbgefüllt.
Blühdauer: öfter blühend, sehr reich und dauerhaft blühend.
Duft: stark.
Tipps zur Verwendung: als Bodendecker für größere Flächen, aber auch in gemischten Beeten und Rabatten; der Duft prädestiniert die Rose für Pflanzungen in der Nähe von Sitzplätzen und Terrassen.
Besonderheiten: eine der am besten duftenden Bodendeckerrosen, die auch durch ihre sehr ungewöhnliche Farbe überzeugt.

'Rote Max Graf'

Wuchseigenschaften: bis ca. 60 cm hoch; sehr lange, niederliegende Triebe (bis ca. 200 cm), starkwüchsig.
Blütenfarbe: leuchtendes, samtiges Rot, mit kleiner weißer Mitte.
Blütengröße und -form: mittelgroß, einfach, in kleinen Büscheln.
Blühdauer: öfterblühend.
Duft: nicht vorhanden.
Tipps zur Verwendung: als Bodendecker für größere Flächen, aber auch in gemischten Beeten und Rabatten.
Besonderheiten: Die Sorte blüht am zweijährigen Holz, daher Vorsicht beim Rückschnitt!

'Snow Ballet'

Wuchseigenschaften: bis ca. 60 cm hoch, dicht und breitbuschig wachsend, überhängende Triebe.

VI/VII–IX 1 m

'Fiona'

VI/VII–IX 0,60 m

'Lavender Dream'

VI/VII–IX 0,60 m

'Rote Max Graf'

'Snow Ballet'

VI/VII–IX 0,60 m

'Swany'

VI/VII–IX 0,50 m

'Maidy'

VI/VII–IX 0,35 m

Blütenfarbe: reinweiß.
Blütengröße und -form: mittelgroß, dicht gefüllt; erst ballförmig, dann flach; stets in Büscheln am Ende des Triebes.
Blühdauer: öfter und reich blühend.
Duft: schwach.
Tipps zur Verwendung: zur Bedeckung großer Flächen, zusammen mit Stauden und mittelhohen Rosen in gemischten Rabatten, in Kübelkultur.
Besonderheiten: auffallend zierendes, dichtes, glänzendes Laub.

'Swany'

Wuchseigenschaften: bis ca. 50 cm und höher, starkwüchsig; lange, niederliegende Triebe.
Blütenfarbe: weiß.
Blütengröße und -form: klein bis mittelgroß; dicht gefüllt; anfangs ballförmig, dann flacher.
Blühdauer: öfter blühend, sehr reich und dauerhaft blühend.
Duft: nicht vorhanden.
Tipps zur Verwendung: als Bodendecker für größere Flächen, aber auch in gemischten Beeten und Rabatten.
Besonderheiten: Die wunderschöne Bodendeckerrose bekommt bei anhaltendem Regen etwas unschöne Blüten, bildet aber ständig neue.

Für kleinste Räume: Zwergrosen

'Maidy'

Wuchseigenschaften: bis ca. 35 cm hoch, kompakt, dichte Belaubung.
Blütenfarbe: blutrot, auf der Unterseite der Blütenblätter silbrig weiß mit rotem Rand.
Blütengröße und -form: groß, dicht gefüllt.
Blühdauer: öfter und dauerblühend, gut haltbar.
Duft: nicht vorhanden.
Tipps zur Verwendung: vor allem für Gefäße wie Töpfe, Kästen oder Ampeln.
Besonderheiten: Die Rose treibt während der gesamten Wuchsperiode neue Blüten.

'Mandarin'

Wuchseigenschaften: bis ca. 25 cm hoch, sehr zierlicher Wuchs, buschig.
Blütenfarbe: lachsrosa bis orangegelb, innen heller.
Blütengröße und -form: groß, locker gefüllt, in Büscheln.
Blühdauer: öfter blühend.
Duft: nicht vorhanden.
Tipps zur Verwendung: vor allem für Gefäße wie Töpfe, Kästen oder Ampeln.
Besonderheiten: Die Rose zeichnet sich durch das interessante Farbenspiel ihrer Blüten aus.

'Mandarin'

VI/VII–IX 0,25 m

'Pink Symphonny'

VI/VII–IX 0,40 m

'Rosmarin '89'

VI/VII–IX 0,20 m

'Pink Symphonie'

Wuchseigenschaften: bis ca. 40 cm hoch, kräftig wachsend, breitbuschig.
Blütenfarbe: rosa, im Verblühen heller.
Blütengröße und -form: mittelgroß, dicht gefüllt.
Blühdauer: öfter blühend, reich und dauerhaft blühend.
Duft: nicht vorhanden.
Tipps zur Verwendung: vor allem für Gefäße wie Töpfe, Kästen oder Ampeln.
Besonderheiten: Die Rose ist besonders robust und widerstandsfähig gegen Frost.

'Rosmarin 89'

Wuchseigenschaften: bis ca. 20 cm hoch, sehr klein bleibend und zierlich.
Blütenfarbe: rosa.
Blütengröße und -form: mittelgroß, dicht gefüllt, in Dolden.
Blühdauer: öfter und sehr reich blühend.
Duft: nicht vorhanden.
Tipps zur Verwendung: vor allem für Gefäße wie Töpfe, Kästen oder Ampeln.
Besonderheiten: Diese Sorte ist auch für kleine Pflanzgefäße geeignet.

'Zwergenfee'

Wuchseigenschaften: bis ca. 40 cm hoch, buschiger Wuchs.
Blütenfarbe: orange bis blutrot.
Blütengröße und -form: mittelgroß, gefüllt.
Blühdauer: öfter blühend, reich und dauerblühend.
Duft: nicht vorhanden.
Tipps zur Verwendung: vor allem für Gefäße wie Töpfe, Kästen oder Ampeln.
Besonderheiten: Die Blüten sind sehr gut haltbar und bleiben auch bei Regenwetter ansehnlich.

VI/VII–IX 0,40 m

'Zwergenfee '89'

Links: Die dunkel violette, großblumige Clematis 'Jackmanii' zusammen mit der Rose 'Raubritter' am Spalier.

Rechts: Die blauen, im Spätsommer erscheinenden Blüten und graugrünen Blätter der Perovskie passen zu weißen, rosafarbenen und roten, aber auch zu gelben Rosen.

Die besten Pflanzpartner für die Rose

Rosen stilsicher mit Gehölzen und Kletterpflanzen kombinieren

Die voran gegangenen Rosen-Porträts haben eine große Zahl unterschiedlichster Blütenfarben, Wachstumsformen und Eigenschaften beschrieben. Der abschließende Porträtteil soll Ihnen eine Hilfestellung für die Kombination mit schönen Partnergehölzen geben – sei es als guter Hintergrund, als „Wirtsbaum“ für Kletter- und Rambler-Rosen, Blütenpartner oder als farbliche Ergänzung zu den Hagebutten.

Partnergehölze von A bis Z

Laubbäume und -sträucher

Robinia pseudoacacia

Robinie, Schein-Akazie

Ursprüngliches Verbreitungsgebiet/Vorkommen: Nordamerika, Vereinigte Staaten.
Wuchs, Triebe und Rinde: großer Baum, ca. 20 bis 25 m hoch, lockere und lichte Krone, teils mehrstämmig; junge Äste und Zweige oft mit Dornen besetzt, oliv- bis dunkelgrün; Rinde grau, bei älteren Exemplaren tief gefurcht, borkig.
Blüte und Frucht: Blüten im Juni, weiße Schmetterlingsblüten, in hängenden Trauben, duftend; Früchte braune Hülsen.
Blatt: sommergrün; Blattoberseite lebhaft grün, Unterseite graugrün; zu 9 bis 19 unpaarig gefiedert, Fiederblättchen elliptisch, klein, 3 bis 4 cm lang.
Klima, Boden und Standort: volle Sonne; frosthart; stellt kaum Ansprüche an den Boden, sofern nicht vernässt; akzeptiert auch leichteste Substrate; sehr widerstandsfähig gegen Luft- und Bodentrockenheit; allgemein sehr robust.
Verwendung: als Hausbaum, in großen Gärten (ab ca. 800 m^2), aufgrund der lichtdurchlässigen Krone aber auch einmal in kleineren Anlagen; wegen des häufigen Vorkommens im Mittelmeergebiet und der hohen Trockenheitsresistenz besonders geeignet für mediterrane Gärten; hervorragender Partner für höher werdende Strauch- und Rambler-Rosen. Strauchrosen sollten in ausreichendem Abstand von der Robinie und immer so gepflanzt werden, dass sie von dem großen Baum nicht beschattet werden. Rambler-Rosen finden in der lichten Krone der Robinie genug Gelegenheit zur Ausbreitung.
Perfekte Partner sind etwa *Rosa filipes* 'Kiftsgate' und 'Félicité et Perpetué'.
Pflege und Schnitt: wenig pflegebedürftig; möglichst nur schneiden, wenn es aus Platzgründen notwendig wird, da die Pflanze am mehrjährigen Holz blüht.
Der Jahreszeiten-Tipp: Die duftenden, weißen Blüten, die attraktiven frischgrünen Fiederblättchen, der besonders bei älteren Exemplaren sehr malerische Wuchs sowie die graue, gefurchte Rinde machen den Reiz dieses Baumes aus. Als Blütenpartner ist unter den Gehölzen besonders *Robinia hispida* 'Macrophylla' zu empfehlen, ferner trockenheitsliebende mediterrane Stauden (Schwertlilie, Lavendel etc.)

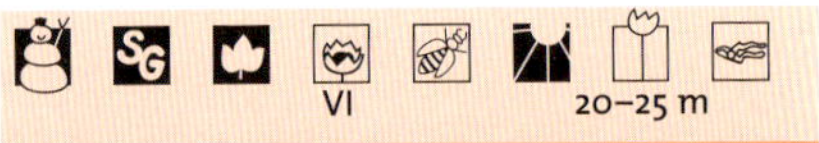

Robinie, Scheinakazie

Buddleia davidii

Schmetterlingsflieder

Ursprüngliches Verbreitungsgebiet/Vorkommen: China; viele Kultursorten im Handel.
Wuchs, Zweige und Rinde: Normalstrauch, ca. 2 bis 3 m hoch.
Blüte: Blüten von Juli bis Ende August, oft bis in den Oktober nachblühend, ca. 20 cm lange Rispenblüten, Röhrenblüten, intensiv duftend.
Blatt: sommergrün; grünes Laub; lang, eiförmig-lanzettlich, zugespitzt.
Triebe und Rinde: Triebe straff, auswärts geneigt.
Klima, Boden und Standort: volle Sonne; frosthart; bevorzugt leichtere Böden; Windschutz ist an exponierten Stellen zu empfehlen; widerstandsfähig.
Verwendung: für Gärten nahezu jeder Größe, da gut schnittverträglich; auch gut in Kübelkultur. Wegen seiner Blütenfarben und der lang anhaltenden Blüte vom Sommer bis weit in den Herbst, eignet er sich perfekt als Partner für öfter und dauerblühende Rosen.
Pflege und Schnitt: braucht am richtigen Standort nur wenig Pflege; da Blüten am jungen Holz ansetzen, kann die Pflanze im zeitigen Frühjahr stark zurückgeschnitten werden; wegen des starken Neuaustriebes entstehen in der Bepflanzung dadurch keine Lücken.
Der Jahreszeiten-Tipp: als wertvoller Sommerblüher, z. B. neben *Buddleia alternifolia* (als Fortsetzung der Blüte bei ähnlicher Größe und Wuchsform); im Spätsommer her-

Schmetterlingsflieder

VII–VIII 2–3 m

vorragender Partner für lange und öfter blühende Rosen.
Weitere empfehlenswerte Arten und Sorten: *Buddleia alternifolia*, Schmalblättriger Sommerflieder (ca. 3 m hoch und breit, Triebe bogenförmig überhängend; Blüte im Juni, helllila; Blatt eiförmig-lanzettlich, unterseits silbrig weiß; da am vorjährigen Holz blühend, nur Altholz auslichten!); 'Black Knight' (dunkelviolett), 'Cardinal' (tiefrot), 'Fascination' (rosa), 'Peace' (weiß); 'Purple Prince' (tiefpurpurrot bis violett).

Caryopteris x clandonensis 'Heavenly Blue'

Bartblume

Ursprüngliches Verbreitungsgebiet/Vorkommen: Kulturform.
Wuchs, Zweige und Rinde: klein bleibender Halbstrauch, bis ca. 1 m hoch; Triebe wachsen straff aufrecht; grau bis graugrün.
Blüte und Frucht: Blüten von August bis September; dunkelblau; endständige, verzweigte Rispenblüten.
Blatt: sommergrün; mattgrüne Blätter, auf der Unterseite graugrün; Form eiförmig-lanzettlich, ca. 5 bis 8 cm lang, grob gesägt.
Klima, Boden und Standort: volle Sonne; frosthart; nicht zu feuchte, lockere, durchlässige Böden mit guter Humusversorgung; verträgt Trockenheit gut; ein warmer und windgeschützter Standort fördert das Gedeihen; insgesamt robust.
Verwendung: vielseitiger Strauch; in gemischten Rabatten verwendbar, auch hervorragend als Kübelpflanze geeignet; einer der wichtigsten und wegen der geringen Größe vielseitig einsetzbaren Rosenpartner für öfter und dauerblühende Rosen mit weißer, gelber, rosa oder roter Blüte; kann auch sehr gut in Rabatten und Mischpflanzungen mit Beetrosen und Stauden eingesetzt werden.
Pflege und Schnitt: Im Winter sollte insbesondere auf etwas feuchteren Böden für Frostschutz gesorgt werden. In jedem Frühling ist ein zeitiger Rückschnitt der vorjährigen Triebe erforderlich, um die Blütenbildung zu fördern und den Wuchs kompakt und buschig zu halten.
Der Jahreszeiten-Tipp: Die Bartblume trägt dazu bei, den Sommer zu verlängern. Sie kommt in Kombination mit rosa und weißen, im Spätsommer noch blühenden Rosen und Stauden optimal zur Geltung. Alternativ lässt sie sich auch sehr gut mit anderen Pflanzen zusammenstellen, die ebenfalls grau- bis blaugrüne Blätter, Triebe oder Rinde aufweisen (z. B. Platane, Ölweide, Perovskie, Hechtrose und viele mediterrane Stauden).

Genista tinctoria

Färber-Ginster

Ursprüngliches Verbreitungsgebiet/Vorkommen: weite Teile Europas und Westasien; in lichten Wäldern, am Waldrand, auf Wiesen, an Wegen, auf Heiden, Mager- und Halbtrockenrasen.
Wuchs, Zweige und Rinde: Kleinstrauch, bis ca. 1 m hoch, aufrecht wachsend; Zweige dünn, grün, gefurcht.
Blüte und Frucht: Blüten Juni bis August, gelbe Schmetterlingsblüten, in endständigen Trauben; Bestäubung durch Insekten; Fruchthülsen ca. 2 cm lang.

VIII–IX 1 m

Bartblume

Färber-Ginster

V–VI 1–2 m

Blatt: sommergrün; glänzend grünes Blatt, keine Verfärbung im Herbst; lanzettlich bis elliptisch, wechselständig.
Klima, Boden und Standort: Sonne bis lichter Schatten; besonders auf nassen Böden nicht völlig frosthart; ansonsten geringe Ansprüche an den Boden; nur empfindlich gegen Austrocknung des Wurzelbereiches; bevorzugt warmen, geschützten Standort; ansonsten robust.
Verwendung: wegen Größe und geringen Bodenansprüchen recht vielseitig; das intensive Gelb der Blüten prädestiniert den Färberginster insbesondere als Partner für gelb, weiß und lavendelfarben blühende Rosen.
Pflege und Schnitt: kaum pflegebedürftig; verträgt Schnitt sehr gut; alle 2 bis 3 Jahre kräftiger Rückschnitt zur Förderung der Blütenbildung.
Der Jahreszeiten-Tipp: Der kleine, wenig bekannte Färberginster schmückt sowohl durch seine immergrünen Triebe als auch durch die hübschen Blüten im Sommer, die sich lange halten.
Hinweise zum Umgang: Pflanze ist giftig, deshalb Vorsicht mit Kindern!
Weitere empfehlenswerte Arten: *Genista lydia*, Balkan-Ginster (ähnlich *Genista tinctoria*, Blüte Mai/Juni, goldgelb).

Hibiscus syriacus

Hibiskus, Eibisch

Ursprüngliches Verbreitungsgebiet/Vorkommen: Wildform aus Indien und China; Zuchtformen.
Wuchs, Zweige und Rinde: Strauch, bis ca. 2 m hoch; Zweige straff aufrecht wachsend; Triebe mit grauer Rinde, junge Triebe grau-grün.
Blüte: Blüten ab Juni/Juli bis August/ September, Farbe je nach Sorte, breit glockig, einfach oder gefüllt, malvenähnlich, einzeln stehend, achselständig, am jungen Holz.
Blatt: sommergrün; grünes Blatt; 3- bis 5-lappig.
Klima, Boden und Standort: volle Sonne; frosthart; bevorzugt Böden mit guter Nährstoffversorgung und hohem Humusgehalt; dankbar für warmen, geschützten Standort.
Verwendung: wegen des zurückhaltenden, schmalen Wuchses und der Schnittverträglichkeit besonders vielseitig verwendbar, auch in kleinen Gärten; sowohl mit Blütensträuchern als auch mit Stauden; als Rosenpartner aufgrund der späten Blütezeit speziell für öfter und dauerblühende Rosen.
Pflege und Schnitt: wenig gießen; zur Förderung der Blütenbildung starken Rückschnitt im Winter.
Der Jahreszeiten-Tipp: zusammen mit sommerblühenden Stauden und öfter blühenden Rosen, wegen des aufrechten Wuchses auch sehr gut als „blühende Säulen", etwa zur Durchgangsbetonung.
Empfehlenswerte Sorten: 'Ardens' (Blüte von Juli bis September/Oktober, blauviolett, dicht gefüllt), 'Blue Bird' (Blüte August bis September/Oktober, karminrot bis violett), 'Coelestis' (Blüte von Juli bis September/Oktober, blauviolett mit violettroter Mitte, einfach), 'Speciosus' (Blüte von Juli bis September, weiß mit violettroter Mitte, einfach).

VII–IX 2 m

Hibiskus, Eibisch

Hydrangea paniculata 'Grandiflora'

Rispenhortensie

Ursprüngliches Verbreitungsgebiet/Vorkommen: die Art stammt aus Japan; Zuchtform.
Wuchs, Triebe und Rinde: Normalstrauch, bis ca. 2 m hoch; längere Triebe meist bogenförmig überhängend; Rinde braun.
Blüte und Frucht: Blüten im August; grünlich weiß, dann reinweiß, am Ende rosaweiß; bis ca. 25 cm lange Rispenblüten am Jungholz; keine Fruchtbildung.
Blatt: sommergrün; hellgrünes Blatt; eiförmig bis elliptisch, gesägt, zugespitzt, ca. 7 bis 15 cm lang.
Klima, Boden und Standort: am liebsten Halbschatten, bei gutem Boden auch in der Sonne; frosthart; Hortensien bevorzugen feuchte Böden, die gut mit Humus versorgt

Gartenhortensie

sein sollten (am besten viel Torf); ansonsten widerstandsfähig.
Verwendung: aufgrund der überschaubaren Wuchshöhe und Größe am richtigen Standort vielseitig verwendbar; wegen Schattenverträglichkeit auch als Unterpflanzung größerer Bäume; als Rosenpartner auch in sonnigen Bereichen gut zu verwenden, wenn der Boden ausreichend feucht ist; am besten zusammen mit Strauchrosen oder in deren Schatten; aufgrund der Blütezeit nur zusammen mit öfter und dauerblühenden Rosen unterschiedlichster Farbtöne; wegen der rosa Spätfärbung sehr gut mit weißen und rosa Rosen.
Pflege und Schnitt: alle 2 bis 3 Jahre neue Torfgaben, die möglichst tief ins Erdreich eingearbeitet werden sollten, ohne das Wurzelwerk zu verletzen; Boden nicht austrocknen lassen; im zeitigen Frühjahr stark zurückschneiden, um die Blütenbildung zu fördern.
Der Jahreszeiten-Tipp: wie ein Strauch wachsende Hortensien sind höchst wertvolle Sommer- bzw. Spätsommer-Blüher, die einen reichen Blütenflor tragen; die Rispenhortensie eignet sich insbesondere für die Gemeinschaft mit gleichzeitig blühenden anderen Hortensien (z. B. *Hydrangea aspera sargentiana* und *H. macrophylla*), Rosen und Stauden.
Weitere empfehlenswerte Arten und Sorten: *Hydrangea aspera sargentiana*, China-Hortensie (bis ca. 2 m hoch; weiße und hellviolette Doldenrispen, Blüte von Juli bis September; Blätter mattgrün, groß, samtig behaart; in rauen Gegenden Winterschutz empfehlenswert); *H. macrophylla* 'Preciosa', Freiland-Hortensie (bis ca. 2 m hoch; Blütenbälle intensiv hellrot, Blüte von Juni bis September; Blätter breit eiförmig, grob gesägt; Sorten dieser Art variieren in der Blütenfarbe je nach dem pH-Wert des Bodens); *H. arborescens* 'Grandiflora', Schneeball-Hortensie (bis ca. 3 m hoch; Blüte von Juli bis September, grünlich weiß; Blätter eiförmig elliptisch). Bei den eben genannten, am mehrjährigen Holz blühenden Hortensien sollte auf einen regelmäßigen Rückschnitt verzichtet werden.

Kolkwitzia amabilis

Kolkwitzie

Ursprüngliches Verbreitungsgebiet/Vorkommen: Westliches China.
Wuchs, Zweige und Rinde: Normalstrauch, bis ca. 3 m hoch; Zweige und Triebe bogenförmig überhängend; reizvoll abblätternde Rinde.
Blüte: Blüten im Mai/Juni, hellrosa mit gelber Zeichnung, zahlreich.
Blatt: sommergrün; hellgrünes Blatt, matt; Form breit eiförmig, zur Blattspitze scharf zugespitzt.
Klima, Boden und Standort: Sonne bis lichter Schatten; frosthart; stellt kaum Ansprüche an den Boden, am

Kolkwitzie

Gemeiner Goldregen

V–VI 7 m

Garten-Magnolie

IV–V 6 m

liebsten jedoch auf feuchten Böden.
Verwendung: zusammen mit anderen Sträuchern, auch als Unterpflanzung größerer Bäume mit lichter Krone, in größeren Beeten mit Stauden, wegen des kaskadenähnlichen Wuchses auch zu zwei Exemplaren zur Betonung eines Durchganges, als Kübelpflanze.
Pflege und Schnitt: Bei der Kolkwitzie genügt es, alle 3 bis 4 Jahre in der zweiten Winterhälfte Altholz auszulichten; ansonsten ist die Pflanze wenig pflegebedürftig; im Pflanzgefäß muss sie unbedingt regelmäßig gegossen werden.
Der Jahreszeiten-Tipp: Zur Blütezeit gibt es keinen besseren Partner als *Clematis montana* 'Rubens', die zusammen mit der Kolkwitzie wahre Kaskaden von rosa Blüten entfaltet; wegen der Wüchsigkeit dieser Clematis sollte man sie aber nicht in die Kolkwitzie hineinwachsen lassen – es sei denn, man hält sie durch Rückschnitt unter Kontrolle.

Laburnum anagyroides

Gemeiner Goldregen

Ursprüngliches Verbreitungsgebiet/Vorkommen: Ostfrankreich bis Südosteuropa; vor allem in lichten Wäldern oder am Waldrand, in Gebüschen.
Wuchs, Triebe und Rinde: hoher Strauch oder kleiner Baum, bis ca. 7 m hoch; Zweige und Triebe grün.
Blüte und Frucht: Blüten von Mai bis Juni, hellgelbe Schmetterlingsblüten, in langen Trauben (ca. 15 bis 25 cm); bräunlich schwarze Hülsen mit schwarz glänzenden, sehr giftigen (!) Samen.
Blatt: sommergrün; graugrünes Blatt, seidig behaart, Form elliptisch, 3-zählig gefiedert, wechselständig.
Klima, Boden und Standort: volle Sonne; frosthart; stellt kaum Ansprüche an den Boden; verträgt auch Trockenheit; dankbar für geschützte Lage, aber nicht Bedingung; widerstandsfähig.
Verwendung: hervorragend zur Betonung des Eintritts in Durchgänge und Laubengänge, zusammen mit anderen Frühlingsblühern.
Pflege und Schnitt: Die Pflanze bedarf im Allgemeinen keiner besonderen Pflege; der Schnitt kann sich auf die Auslichtung von Altholz (alle 3 bis 4 Jahre) beschränken.
Der Jahreszeiten-Tipp: Der Goldregen wirkt aufgrund der ebenfalls hängenden Traubenblüten mit einer hellviolett blühenden Wisterie (Blauregen) wunderbar zusammen; am besten wird der Goldregen zu je zwei Exemplaren am Ein- und Ausgang eines Laubenganges gepflanzt, durch dessen Konstruktion die Wisterie ihre Blüten hängen lassen kann.
Hinweise zum Umgang: Alle Teile der Pflanze einschließlich der Fruchthülsen sind sehr giftig, deshalb Vorsicht mit Kindern!
Weitere empfehlenswerte Arten und Sorten: *Laburnum watereri/L. watereri* 'Vossii' (ca. 7 bis 8 m hoch, goldgelb, Blüten einige Wochen später und etwas kleiner als bei *L. anagyroides*, aber Blütentrauben bedeutend länger, über 40 cm; ansonsten ähnlich dem Gemeinen Goldregen, ebenfalls giftig).

Magnolia x soulangiana

Garten-Magnolie, Tulpen-Magnolie

Ursprüngliches Verbreitungsgebiet/Vorkommen: ursprünglich Ostasien und Nordamerika.
Wuchs, Triebe und Rinde: Großstrauch, bis ca. 6 m hoch, sehr breit wachsend; bräunliche Rinde.
Blüte: Blüte von April bis Mai, weißlich rosa, außen rötlich gestreift, glockenförmig, aufrecht stehend, zahlreich.
Blatt: sommergrün; intensiv grünes, glänzendes Laub; ca. 10 bis 15 cm lang, eiförmig bis elliptisch.

Klima, Boden und Standort: volle Sonne; frosthart; die Tulpen-Magnolie braucht nährstoff- und humusreiche, feuchte, am besten auch leicht saure Böden.
Verwendung: als Blickfang an herausgehobener Stelle; auch zusammen mit Gehölzen und Stauden, aber dann ausreichende Abstände einhalten; nicht für Hecken.
Pflege und Schnitt: Da die Pflanze ein Flachwurzler ist, reagiert sie besonders empfindlich auf Trockenheit und muss deshalb nötigenfalls regelmäßig gegossen werden. Das abgefallene Herbstlaub verbleibt am besten auf der Baumscheibe; der Wurzelbereich sollte möglichst nicht aufgegraben werden, deshalb Stauden o. Ä. gleichzeitig mit der Magnolie einpflanzen; Schnitt sollte – auch mit Rücksicht auf eine schöne Wuchsform – möglichst unterbleiben, denn die Blüten setzen am mehrjährigen Holz an.
Der Jahreszeiten-Tipp: Wuchsform, Blattwerk und vor allem die Blüten heben die Tulpen-Magnolie aus der Gesamtheit der Blütengehölze heraus; als Partner zur Blütezeit sind niedrige Stauden und Zwiebelpflanzen ideal (z. B. *Brunnera macrophylla*, *Scilla*, *Muscari*).
Weitere empfehlenswerte Arten und Sorten: *Magnolia x soulangiana* 'Nigra' (deutlich schwachwüchsiger als die Art, bis ca. 3 m hoch; Blüte von Mai bis Juni, tiefpurpurrot, innen hellrot; ansonsten ähnlich der Art); *M. stellata*, Stern-Magnolie (bis ca. 3 m hoher Strauch, breite, schirmförmige Krone, langsam wachsend; Blüte von März bis April, weiß, sternförmig; braucht nährstoff- und humusreiche Böden; Pflege ähnlich der Art; Blüten vor Frösten schützen!).

Malus-Ziersträucher

Zierapfel

Ursprüngliches Verbreitungsgebiet/Vorkommen: meist Ostasien (Japan); viele Zuchtformen.
Wuchs, Triebe und Rinde: je nach Art und Sorte Sträucher, Großsträucher oder Bäume; 2 bis 10 m hoch.
Blüte und Frucht: Blüte von Mai bis Juni, weiß bis rosa und karminrot; Früchte gelborange bis tiefrot oder purpurrot, klein, 1 bis 2 cm im Durchmesser.
Blatt: sommergrün; grünes Laub, teils mit purpurrot; meist einfach.
Klima, Boden und Standort: volle Sonne; frosthart; Zieräpfel bevorzugen mittelschwere Böden mit guter Humus- und Nährstoffversorgung, akzeptieren aber auch leichtere Substrate; weniger auf schweren, nassen Böden; ansonsten keine besonderen Bodenansprüche; meist widerstandsfähig.
Verwendung: je nach Wuchs, in Einzelstellung oder in Gruppen mit genügend Abstand, nicht für Blütenhecken.
Pflege und Schnitt: Zieräpfel brauchen nicht unbedingt Schnitt, vertragen ihn aber sehr gut; ein Rückschnitt alle 3 bis 4 Jahre (wie bei Fruchtsorten) kann dazu beitragen, die Pflanze gesund und robust zu erhalten.
Der Jahreszeiten-Tipp: Wenn irgend möglich, sollte man auf Zieräpfel nicht verzichten; neben der Blüte im späten Frühjahr bzw. Frühsommer hat die Pflanze (je nach Sorte) meist auch reichen herbstlichen Beerenschmuck und teils außergewöhnliche Blattfärbungen zu bieten. Sorten mit rötlich grünem Blattwerk wie z. B. *Malus x moerlandsii* 'Profusion' kann man mit geeigneten Kletterrosen (z. B. der Sorte 'Albertine') bewachsen lassen; blaue und weiße Frühjahrsstauden wie Rittersporn passen stets hervorragend zu Zieräpfeln.
Besonderheiten: Zieräpfel liefern sehr schöne Blütenzweige für die

Zierapfel

Vase; allerdings sollten mit Rücksicht auf die Wuchsform nicht zu viele Zweige herausgenommen werden.
Weitere empfehlenswerte Arten und Sorten: *Malus floribunda* (ca. 4 bis 10 m hoch, überhängende Äste; Blüte im Mai, rosa-weiß; Früchte grün, dann gelb, rotbackig, bis November an der Pflanze haftend; Blatt grün); *M. x moerlandsii* 'Profusion' (ca. 3 bis 4 m hoch; auch für sehr kleine Gärten; Blüte im Juni, spät, zunächst dunkel, dann heller karminrot; Früchte weinrot; Blatt purpurrot); *M. purpurea* 'Eleyi' (ca. 6 m hoch, breite Krone; Blüte im Mai, dunkel karmin- bis weinrot; Früchte tiefrot; Blatt wein- bis bronzerot); *M. sargentii* (als Veredlung niedrig bleibend, allerdings als Sämling sehr hoch werdend (!); malerischer Wuchs; Zweige teilweise mit Dornen; Blüten zartrosa bis weiß, besonders reichblühend; Früchte gelbrot, bis in den November an der Pflanze haftend; Blatt intensiv grün); *M. x zumi* 'Prof. Sprenger' (ca. 4 m hoch; Blüten im Mai, hellrosa bis weiß; Früchte orange, lange haftend; Blatt grün mit gelber Herbstfärbung).

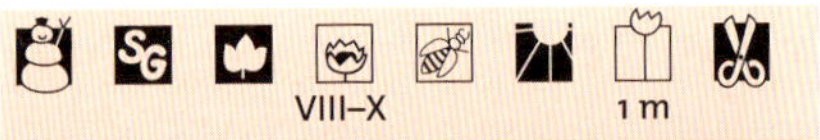

Blauraute, Silberbusch

Perovskia abrotanoides

Perovskie, Blauraute, Silberbusch

Ursprüngliches Verbreitungsgebiet/Vorkommen: westl. Himalaja.
Wuchs, Triebe und Rinde: kleiner Halbstrauch, bis ca. 1 m hoch; Triebe weich, filzig, hellgrau.
Blüte: Blüte von August bis Oktober, an geschützten Stellen bis November; hellviolett (lavendelfarben), in langen Ähren, angenehm aromatischer Duft.
Blatt: sommergrün; Blattfarbe graugrün, fiederteilig, behaart.
Klima, Boden und Standort: volle Sonne; frosthart; bevorzugt magere, leichte, auch sandige Böden und einen geschützten Platz; verträgt Boden- und Lufttrockenheit ebenso wie Hitze sehr gut.
Verwendung: wegen des sehr geringen Platzbedarfs und der Unempfindlichkeit gegenüber Trockenheit vielfältig verwendbar; an heißen Südwänden, auch mit trockenen Böden; als niedrige Blütenhecke; in Steingärten; oft im mediterranen Landschaftsgarten eingesetzt; sehr gute Kübelpflanze.
Pflege und Schnitt: keine besondere Pflege erforderlich; am besten nicht düngen; da die Perovskie am Jungholz blüht, muss sie jedes Jahr im Spätwinter bzw. im zeitigen Frühjahr (Februar/März) stark zurückgeschnitten werden.
Der Jahreszeiten-Tipp: Aufgrund ihrer langen Blütezeit im Spätsommer und Herbst lässt sich die Pflanze mit einer Reihe von Gehölzen kombinieren, etwa *Hibiskus syriacus*. Gute Partner sind auch Stauden wie *Eryngium planum* (blau blühende Edeldistel), *Iberis saxatilis* (weiß blühende Schleifenblume) und Gräser wie *Festuca glauca* (Blauschwingel).
Besonderheiten: wertvolles Bienennährgehölz.

Philadelphus coronarius

Gewöhnlicher Pfeifenstrauch, Hoher Pfeifenstrauch

Ursprüngliches Verbreitungsgebiet/Vorkommen: Mittelmeergebiet.
Wuchs, Triebe und Rinde: Strauch, ca. 3 bis 4 m hoch, aufrechter Wuchs, relativ schmal; Zweige an der Spitze überhängend; Rinde dunkelbraun, etwas abblätternd.
Blüte und Frucht: Blüte von Mai bis Juni, rahmweiß, zu 5 bis 9 in Trauben stehend, starker Duft; Fruchtkapseln unauffällig.
Blatt: sommergrün; Blattfarbe grün, matt; eiförmig, ca. 5 cm breit, bis ca. 10 cm lang.
Klima, Boden und Standort: Sonne bis Schatten; frosthart; stellt keine besonderen Ansprüche an den Boden, verträgt auch zeitweise Austrocknung; besonders gern auf mittelschweren, nährstoffreichen Böden, aber nicht Bedingung; widerstandsfähig gegen Lufttrockenheit.
Verwendung: in herausgehobener Stellung, in Eck- oder Durchgangssituationen; auch zusammen mit anderen Gehölzen und Stauden; am besten in mediterranen Gärten.
Pflege und Schnitt: kaum pflegebedürftig; nur alle 3 bis 4 Jahre Altholz auslichten; Pflanze blüht am mehrjährigen Holz.

Gewöhnlicher Pfeifenstrauch

V–VI 3–4 m

Der Jahreszeiten-Tipp: wertvoll vor allem durch die Blüten, die Wuchsform mit überhängenden Zweigen und durch das bis lange in den Herbst grün bleibende Blattwerk.
Weitere empfehlenswerte Arten und Sorten: *Philadelphus x lemoinei* 'Dame Blanche' (niedrig bleibend, unter 2 m hoch, zierlicher Habitus; Triebe mit schwarzer Rinde; Blüte von Juni bis Juli, weiß, sehr reichblühend, duftend; besonders für kleine Gärten und Pflanzgefäße) und *P. x virginalis* 'Schneesturm' (ca. 2 bis 3 m hoch, an der Spitze überhängende Zweige, graue Triebe; Blüte im Juni, weiß, gefüllt, duftend).

Prunus-Ziergehölze

Zierkirschen

Ursprüngliches Verbreitungsgebiet/Vorkommen: Japan uund andere . Gebiete Ostasiens; viele Zuchtformen.
Wuchs, Triebe und Rinde: je nach Art bzw. Sorte 3 bis 15 m, meist jedoch 3 bis 5 m hoher Strauch oder Baum; Zweige und Rinde meist glänzend braun, einige Formen mit hellbrauner Punktierung.
Blüte und Frucht: Blüte meist von April bis Mai, weiß oder rosa, oft mit angenehmem Duft; keine Fruchtbildung.
Blatt: sommergrün; Blattfarbe grün, im Herbst oft wunderbar verfärbend; eiförmig, zugespitzt, gesägt.
Klima, Boden und Standort: volle Sonne; frosthart; bevorzugt mittelschwere, kalkhaltige oder kalkreiche Böden, die nicht zur Vernässung neigen sollten; meist auch gut auf Sandböden.
Verwendung: an herausgehobenen Plätzen, zusammen mit niedrigeren Blütengehölzen und Stauden, nicht für Blütenhecken; ein Muss für den Garten im japanischen Stil!
Pflege und Schnitt: bei geeigneten Böden keine besondere Pflege erforderlich; Schnitt wird gut vertragen; Rückschnitt unmittelbar nach der Blüte ist empfehlenswert, aber nicht unbedingt notwendig; Zweige für die Vase können im Zeitraum von Dezember bis Februar geschnitten werden.
Der Jahreszeiten-Tipp: zur Blütezeit am besten mit Zwiebelpflanzen und blauen oder weißen Stauden, die im Frühjahr blühen; im Herbst wirkt das meist sehr schön färbende Blattwerk für sich allein.
Besonderheiten: Zierkirschen sind wertvolle Bienennährgehölze; Zweige lassen sich gut für die Vase schneiden.
Weitere empfehlenswerte Arten und Sorten: *Prunus sargentii*, Nordjapanische Blütenkirsche, Bergkirsche (ca. 15 m und höher; Blüten ab der zweiten Aprilhälfte, rosa; Blatt im Herbst orange- bis karminrot); *P. serrulata* 'Amanogawa' (nur bis ca. 5 m hoher Baum, straff aufrechte, säulenartige Krone; Blüte April/Mai, hellrosa, starker Duft; zur Betonung von Blickachsen und Durchgangssituationen); *P. serrulata* 'Kanzan' (bis ca. 13 m hoher Baum, trichterförmige Krone; Blüte von April bis Mai, ca. 2 Wochen, dunkelrosa); 'Sakura' (ca. 3 bis 5 m hoher Baum mit stark bogenförmig herabhängenden Zweigen; Blüte im April, rosa); *P. subhir-*

IV–V 3–15 m

Zierkirschen

tella 'Plena' (ca. 5 bis 6 m hoher Baum, Blüten ab Anfang April, früh, hellrosa, gefüllt, Blütenblätter gekräuselt); *P. subhirtella* 'Tai Haku' (8 bis 12 m hoch, baumartig wachsend, breit aufrechter Habitus; Blüte April/Mai, weiß, sehr große Blüten, Durchmesser ca. 6 cm).

Spiraea bumalda 'Anthony Waterer'

Spiraee

Ursprüngliches Verbreitungsgebiet/Vorkommen: Japan u. a. Gebiete Ostasiens; Zuchtform.
Wuchs, Triebe und Rinde: bis ca. 1 m hoch, dichtbuschig, Triebe rot bis rostbraun.
Blüte: Blüte von Juli bis September, in dunkelkarminroten Trugdolden.
Blatt: sommergrün; Blattfarbe dunkelgrün, im Austrieb teils weißlich; spitz-lanzettlich, scharf doppelt gesägt.
Klima, Boden und Standort: Sonne bis Halbschatten; frosthart; stellt keine besonderen Ansprüche an den Boden.
Verwendung: besonders für niedrige, ungeschnittene Blütenhecken; zur Platzierung vor größeren Blütensträuchern; als Partner für weiße oder rosa blühende Rosen sehr gut geeignet.
Pflege und Schnitt: kaum pflegebedürftig; da die Blüten am Jungholz ansetzen, ist ein jährlicher Rückschnitt im späten Winter/zeitigen Frühjahr ratsam (Februar/März).
Der Jahreszeiten-Tipp: der Wert dieser niedrig wachsenden Spiraee liegt insbesondere in ihrer reichen und lang anhaltenden Blüte; die dunkle Blattfarbe ergänzt sich sehr schön mit dem dunklen Karminrot der Blüten; als Partner sind vor allem weiße und blaue Stauden und Gehölze zu empfehlen.
Weitere empfehlenswerte Arten und Sorten: *Spiraea x arguta*, Spitzblättriger Spierstrauch (bis ca. 2 m hoch, aufrechter Wuchs; Blüte von April bis Mai, weiß; wie die meisten Spiraeen gegenüber dem Boden anspruchslos); *S. japonica* 'Little Princess' (bis ca. 60 cm hoch; Trugdoldenblüten von Juni/Juli bis August, hellrosa mit karminroten Einsprengseln; für niedrige Hecken und Blütentuffs; ansonsten Ansprüche und Eigenschaften ähnlich wie *S. bumalda* 'Anthony Waterer'); *S. nipponica* (aus Japan; bis ca. 2 m hoch; Blüte Juni bis Juli, weiß); *S. x vanhouttei* (bis ca. 2 m hoch; Blüte im Mai/Juni).

Viburnum

'Zier-Schneebälle'

Ursprüngliches Verbreitungsgebiet/Vorkommen: meist Ost- bzw. Südostasien (China, Japan, Korea); zahlreiche Zuchtformen.
Wuchs, Triebe und Rinde: Sträucher von ca. 2 bis 3 m Höhe, je nach Art und Sorte.
Blüte und Frucht: Blüten weiß oder rosa, große Blütenstände, teller- bis unregelmäßig kugelförmig, duftend; Früchte meist unauffällig.
Blatt: meist sommergrün; Blattfarbe grün; meist eiförmig oder elliptisch.
Klima, Boden und Standort: Sonne (bei feuchten Böden) oder Halbschatten; frosthart; Schneebälle dieser Herkunft bevorzugen feuchte, nährstoffreiche und tiefgründige Böden sowie am besten pH-Werte im sauren Bereich.
Verwendung: wegen des zurückhaltenden Größenwachstums vielfältig einsetzbar; mit anderen Blütengehölzen in ausreichendem Abstand oder in Staudenrabatten, kommt in Hecken nicht zur Geltung; bei übereinstimmender Blütezeit mit nahezu allen Rosen kombinierbar.
Pflege und Schnitt: Schneebälle vertragen Schnitt gut; Rückschnitt am besten gleich nach dem Abblühen der Blütenstände vornehmen.

Der Jahreszeiten-Tipp: ein blühender Schneeball ist im Grunde für sich allein schon ein Erlebnis; zusammen mit strengen Gestaltungselementen und Gräsern kommt er bestens zur Geltung; einige Arten bzw. Sorten der 'Zier-Schneebälle' (*Viburnum rhytidophyllum*, *V. x burkwoodii*) behalten zudem ihr grünes Laub und tragen zum Teil viele wunderschöne Früchte.
Weitere empfehlenswerte Arten und Sorten: *Viburnum bodnantense* (bis ca. 3 m hoch, schnell wachsend; Blüten früh, Blüte März bis April, rosa Röhrenblüten (später weiß), in Büscheln, sehr lange blühend), *V. x burkwoodii* (bis ca. 2 m hoch, sparriger Habitus, nicht sehr buschig; Blüte April bis Mai, rosa bis weiß, Blatt bei günstigem Standort immergrün), *V. carlcephalum* (bis ca. 2 m hoch, breit wachsend, Blüte April bis Mai, weiß), *V. carlesii* (bis ca. 2 m hoch, lockerer Habitus, langsam wachsend; Blüte April bis Mai, rosa bis weiß), *V. fragrans* (bis ca. 3 m hoch, straff aufrecht wachsend; Blüte im Winter, nach Temperatur ab November bzw. im Januar sowie meist noch einmal im Spätfrühling), *V. rhytidophyllum* (bis ca. 4 m hoch; Blüte Mai/Juni, weiß; Blatt immergrün, länglich bis eiförmig, Oberseite glänzend; im Herbst auffallender, roter Beerenschmuck), *V. tomentosum* 'Mariesii' (bis ca. 3 m hoch, sehr breit wachsend, mit ausgebreiteten Zweigen; Blüte Mai/Juni, weiß; braucht Platz).

2–3 m

Zierschneebälle

Ligustrum

Liguster

Ursprüngliches Verbreitungsgebiet/Vorkommen: je nach Art Europa, Kleinasien, Nordafrika oder Japan und andere Gebiete Ostasiens.
Wuchs, Triebe und Rinde: Wuchshöhe je nach Art und Sorte von 2 bis 5 m, auch als Kleinstrauch; meist straff aufrecht mit abstehenden, grauen bis braunen Trieben, teils sparrig.
Blüte und Frucht: Blüte im Juni/Juli, in der Regel weiß, in Doldenrispen; graue bis schwarze Beerenfrüchte.
Blatt: je nach Art sommer-/winter- oder immergrün; Farbe meist dunkelgrau bis dunkelgrün; Form eiförmig bis länglich elliptisch.
Klima, Boden und Standort: Sonne bis Halbschatten; in extrem kalten Wintern können starke Frostschäden auftreten, jedoch treibt die Pflanze im Allgemeinen von unten wieder gut aus; Liguster sind mit nahezu jedem Boden zufrieden; allgemein robust.
Verwendung: am besten als lange grün bleibende Heckenpflanze; besonders *Ligustrum obtusifolium* auch in Einzelstellung; als Rosenpartner nicht nur wegen der weißen Blüten, sondern auch wegen der schwarzen Früchte sehr attraktiv; Ligusterhecken können auch sehr gut als Hintergrund für gemischte Rabatten mit Rosen oder für Rosenbeete eingesetzt werden.

Liguster

VI–VII 2–5 m

Pflege und Schnitt: Pflanze braucht im Allgemeinen keine besondere Pflege; Schnitt (im Sommer, nach der Blüte) wird sehr gut vertragen.
Der Jahreszeiten-Tipp: der größte Vorzug von Liguster ist das andauernde grüne Blattkleid, aber auch die kleinen Blüten können etwa in einem naturnahen, weißen Garten gut zur Geltung kommen; als Partner sind z. B. der ebenfalls weiß blühende Geißbart und weißer Fingerhut zu empfehlen.
Besonderheiten: Blütennährgehölz für Schmetterlinge u. a. Insekten.
Hinweise zum Umgang: Beeren sind giftig, deshalb Vorsicht mit Kindern!
Weitere empfehlenswerte Arten und Sorten: *Ligustrum obtusifolium*

Schwarzer Holunder

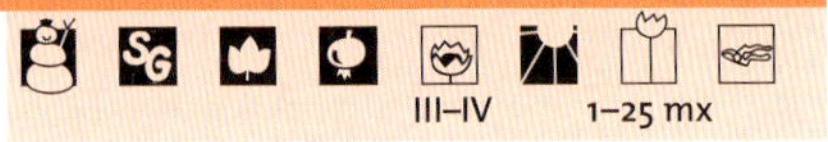

var. regelianum, stumpfblättriger Liguster (bis ca. 2 m hoch); *L. ovalifolium* (bis ca. 5 m hoch); L. *vulgare* (europäische Art, bis ca. 5 m hoch); *L. vulgare* 'Lodense' (niedrig wachsende Zuchtform, nur ca. 50 cm hoch, nicht blühend und fruchtend!).

Sambucus nigra

Schwarzer Holunder

Ursprüngliches Verbreitungsgebiet/Vorkommen: weite Teile Europas und Asiens.
Wuchs, Triebe und Rinde: Strauch, ca. 6 bis 7 m hoch; Zweige mit weißem Mark, hohl; Rinde hell, korkig.
Blüte und Frucht: Blüte von Juni bis Juli, rahmweiß, klein, zu vielen in breiten, bis 20 cm breiten Dolden; dunkelviolett-schwarze Holunderbeeren, ab September.
Blatt: sommergrün; Blattfarbe matt dunkelgrün (früher Laubfall); zu 5 gefiedert, Form der Blättchen elliptisch, zugespitzt.
Klima, Boden und Standort: Sonne bis Schatten; frosthart; stellt extrem geringe Ansprüche an den Boden; besonders gern auf nährstoffreichen Böden; verträgt auch durchfeuchtete Substrate.
Verwendung: am besten in naturnahen Anlagen und Situationen, in Bauerngärten; nützlich als Beschattung von Komposthaufen; als Pflanzpartner insbesondere für Wildrosen (z. B. *Rosa canina* 'Kiese'), fast unentbehrlich wegen paralleler Blütezeit, im Herbst wegen der schwarzen Früchte.
Pflege und Schnitt: Der Holunder kommt im Normalfall völlig ohne Pflege und Schnitt aus; Schnitt wird, wenn er z. B. aus Platzgründen notwendig ist, sehr gut vertragen.
Der Jahreszeiten-Tipp: Der Holunder ist eine wertvolle Nutzpflanze, vor allem aber auch ein wertvolles Ziergehölz mit wunderschönen Blüten und reichem Beerenschmuck. Sehr gut passt er mit Weigelien zusammen; ansonsten sollte er am besten mit schattenliebenden, rosa oder blau blühenden, heimischen Wildstauden unterpflanzt werden.
Besonderheiten: Holunderbeeren sind in unreifem oder rohem Zustand ungenießbar und giftig, gekocht können die Früchte jedoch zu zahlreichen Speisen verarbeitet werden (z. B. Kompott, Likör, Gelee); Bestandteil von pflanzlichen Heilmitteln; Früchte werden durch Vögel und andere Tiere verbreitet; wegen der intensiv färbenden Beeren sollte der Holunder möglichst nicht in die Nähe von Waschplätzen und Auto-Abstellplätzen gepflanzt werden.

Aesculus parviflora

Strauchrosskastanie, Zierkastanie

Ursprüngliches Verbreitungsgebiet/Vorkommen: Nordamerika.
Wuchs, Zweige und Rinde: Großstrauch, ca. 3 bis 4 m hoch, durch Bodenausläufer schnelles Breitenwachstum; kahle Zweige.
Blüte: Blüte im Juli/August, lange, aufrecht stehende Rispen, weiß (weißrosa Staubfäden).
Blatt: sommergrün; Blattfarbe grün, handförmige Blätter mit 5 bis 7 lang zugespitzten Blättchen, auf der Blattunterseite mit grauer Behaarung.
Klima, Boden und Standort: gerne Halbschatten, bei ausreichender Boden- und Luftfeuchte auch in voller Sonne; frosthart; gegenüber dem Boden anspruchslos und robust; verträgt auch Stadtklima.
Verwendung: vielseitig einsetzbarer, sehr dekorativer Strauch für Gärten fast jeder Größe außer kleinen Innenhöfen und Dachgärten; das Breitenwachstum kann durch regelmäßiges Entfernen der Ausläufer gut unter Kontrolle gehalten werden; als Rosenpartner nicht nur wegen des malerischen Laubes und der relativ geringen Wuchshöhe, sondern auch während der Blütezeit sehr gut geeignet; dann aber mit öfter bzw. dauerblühenden Rosen kombinieren!
Pflege und Schnitt: notwendig ist nur das Entfernen von Wurzelausläufern, wenn nicht viel Platz vorhanden ist; Pflanze verträgt aber Schnitt gut (im Zeitraum von Dezember bis Februar durchführen).
Der Jahreszeiten-Tipp: besonders wertvoll durch recht spät erscheinende, attraktive Blüten und dekoratives Laub.
Besonderheiten: gutes Bienennährgehölz.

Kastanie

VII–VIII 3–4 m

Immergrüne Gehölze

Buxus sempervirens var. arborescens

Buchsbaum

Ursprüngliches Verbreitungsgebiet/Vorkommen: Südeuropa, mediterraner Bereich; Westasien, Afrika.
Wuchs, Zweige und Rinde: Großstrauch oder kleiner Baum, ca. 6 bis 8 m hoch, langsam wachsend, aufrechter Wuchs, breite Krone; olivgrüne, kantige Zweige.
Blüte: Blüten erscheinen erst nach mehreren Jahren, gelblich, klein, unauffällig.
Blatt: Immergrün; Blattfarbe glänzend dunkelgrün; Form eiförmiglänglich, dick, ledrig.
Klima, Boden und Standort: volle Sonne bis Schatten; frosthart, nur in sehr harten Wintern leichte Frostschäden an den Triebspitzen; bevorzugt leichte, kalkhaltige Substrate; verträgt Hitze und Trockenheit hervorragend, akzeptiert aber auch feuchte Böden; allgemein sehr robust.
Verwendung: sowohl freiwachsend als auch für Kübelkultur zur ganzjährigen Begrünung von Dachgärten und -terrassen; für Form- und Figurenschnitt bestens geeignet; ungeschnittene Hecken zur zurückhaltenden Strukturierung naturnah gestalteter Gärten; wichtige Bauerngartenpflanze, aber auch in anderen Gärten ein klassischer Partner für Rosen.
Pflege und Schnitt: allgemein wenig Pflege notwendig, nur an problematischen Standorten kalkbetont düngen; Schnitt kann im Frühjahr ab dem Laubaustrieb erfolgen.
Der Jahreszeiten-Tipp: Der Buchsbaum ist eine der unentbehrlichen Immergrünen und gibt dem Garten auch im Winter Form; eine schneebedeckte Buchshecke oder ein Buchsparterre mit morgendlichem Raureif setzen im winterlichen Garten wunderschöne gestalterische Akzente.
Besonderheiten: Bienennährgehölz; bietet Vögeln Rückzugs- und Nistmöglichkeiten.
Hinweise zum Umgang: im Gegensatz zu anderen immergrünen Gehölzen auch von Familien mit kleinen Kindern uneingeschränkt verwendbar; Blätter nur für einige Haustiere giftig.
Weitere empfehlenswerte Sorten: *Buxus sempervirens* 'Suffruticosa', Einfassungsbuchs (niedrig bleibende und sehr langsam wachsende Zuchtform, nur bis etwa 1 m hoch; Blatt kleiner als bei *B. sempervirens var. arborescens*, oft etwas rötlich grün; Verwendung für Wege- und Beeteinfassungen sowie für kunstvolle Parterres; jährlicher Schnitt ist unbedingt notwendig; ansonsten in Eigenschaften und Ansprüchen ähnlich *B. sempervirens var. arborescens*).

6–8 m

Buchsbaum

Ilex aquifolium

Stechpalme, Hülse

Ursprüngliches Verbreitungsgebiet/Vorkommen: weite Teile West- und Südeuropas, bis Mitteleuropa; meist in Laubmischwäldern oder Tannenwäldern, am Waldrand oder im lichten Unterwuchs, in Hecken und Gebüschen.
Wuchs, Triebe und Rinde: Großstrauch oder kleiner Baum (Baum 3. Ordnung), Wuchshöhe je nach Klimazone stark schwankend, in günstigen Gegenden bis etwa 10 m hoch, meist aber bedeutend niedriger, Krone hochgewölbt-kugelförmig; zuerst aufrecht wachsend, dann Äste überhängend; Zweige grün, später grau.
Blüte und Frucht: Blüte von Mai bis Juni; weiß, klein, mit leichtem Duft, zweihäusig; ab September rote, kugelförmige Steinfrüchte.
Blatt: immergrün; Blattfarbe glänzend grün, eiförmig mit gestacheltem Rand.
Klima, Boden und Standort: am liebsten lichter Schatten oder Halbschatten; vollsonniger Stand führt im Winter oft zu Kälteschäden; nicht völlig frosthart, bei anhaltenden Temperaturen unter -20 °C starke Schädigung möglich; empfindlich gegen starke Hitze, Luft- und Bodentrockenheit; akzeptiert nahezu alle Böden, wenn nicht zu schwer (tonig).
Verwendung: sowohl zur freien Stellung als auch in geschnittenen wie ungeschnittenen Hecken; die Säulenform 'Pyramidalis' eignet sich bestens zur Begleitung von Wegen und zur Betonung von Durchgangssituationen; mit Früchten ganz besonders gut zu später im Jahr noch blühenden, roten Rosen passend.
Pflege und Schnitt: Das Erdreich sollte feucht gehalten werden, in längeren Trockenperioden muss großzügig gewässert werden; die Stechpalme verträgt Schnitt sehr gut und treibt danach wieder hervorragend aus; nach Rückfrieren im Winter kann die Pflanze deshalb durchaus stark zurückgenommen werden (bis ca. 30 cm über dem Erdboden); ansonsten ist der richtige Schnittzeitraum Mai bis August, da sonst der Neuaustrieb leicht durch Fröste geschädigt wird.
Der Jahreszeiten-Tipp: Die Stechpalme ist trotz ihrer nicht vollständigen Frosthärte ein wertvolles, das ganze Jahr über immergrünes Gehölz, das zudem durch ansprechenden Wuchs, im späten Frühjahr durch die hübschen Blüten und die bis weit in den Winter an der Pflanze verbleibenden roten Beeren auffällt; sehr empfehlenswert ist eine niedrig wachsende, ebenfalls rot fruchtende Berberitzen-Hecke vor einer Ilex-Hecke.
Besonderheiten: Stechpalmen bilden leicht neue Kreuzungsformen/Mutationen, auch mit anderen Arten (z. B. *Ilex crenata*).
Hinweise zum Umgang: Pflanze ist giftig, deshalb Vorsicht mit Kindern; wegen der Stacheln an den Blattspitzen nicht in die Nähe von Sandkästen o. Ä. pflanzen.
Weitere empfehlenswerte Arten und Sorten: *Ilex aquifolium* 'Alaska' (Wuchs bedeutend schwächer als bei der Art, für kleine Gärten); *I. aquifolium* 'Pyramidalis' (Säulenform, bis ca. 10 m hoch, reich fruchtend); *I. crenata*, Japan-Stechpalme (niedrig und langsam wachsend, erst nach vielen Jahren 2 bis 3 m hoch; Blüten unauffällig; Früchte schwarz; Blätter klein, elliptisch, dunkelgrün, kerbig gesägt; Vollschatten gut vertragend; ansonsten Ansprüche und Eigenschaften ähnlich *I. aquifolium*).

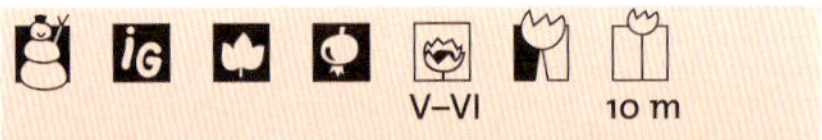

Stechpalme, Hülse

Prunus laurocerasus

Kirschlorbeer

Ursprüngliches Verbreitungsgebiet/Vorkommen: Westasien bis Südosteuropa und Zuchtformen.
Wuchs, Triebe und Rinde: Strauch, je nach Sorte 1 bis 3 m hoch, dichter Wuchs; Jungtriebe grün.
Blüte und Frucht: Blüte von Mai bis Juni, teils auch noch länger oder Nachblüte im Herbst, weiß, klein, dicht stehend in aufrechten Trauben; dunkelpurpurrote bis schwarze, kugelige Früchte.
Blatt: immergrün; Blattfarbe glänzend dunkelgrün, je nach Sorte länglich-zugespitzt oder eiförmig-elliptisch.
Klima, Boden und Standort: Halbschatten bis Schatten; frosthart, nur in extrem kalten Wintern friert die Pflanze deutlich zurück; bevorzugt feuchten, humusreichen und möglichst kalkarmen Boden.

Kirschlorbeer

Verwendung: sowohl als Blütengehölz wie auch als immergrüner „Hintergrund", für geschnittene und ungeschnittene Hecken unterschiedlicher Höhe (je nach Sorte); auch als Kübelpflanze einzusetzen; zusammen mit früh blühenden Rosen während der Blütezeit; ansonsten als immergrüner Hintergrund; wegen der dunkelroten bis schwarzen Beeren als Partner für später blühende Rosen.
Pflege und Schnitt: bei gutem Boden kaum Pflege notwendig; Schnitt wird gut vertragen, sollte aber nicht mit der Heckenschere, sondern mit der Gartenschere Blatt für Blatt vorgenommen werden, um die Blätter nicht zu verletzen.
Der Jahreszeiten-Tipp: Der Kirschlorbeer ist ein wichtiges, im späten Frühjahr blühendes Ziergehölz für wechselsonnige und schattige Bereiche; gute Partner zur Unterpflanzung sind etwa Astilben, hohe Anemonen und Frauenmantel; das immergrüne, glänzende Blattwerk ziert die Pflanze das ganze Jahr.
Besonderheiten: gutes Bienennährgehölz; Zweige eignen sich als Vasenschmuck.

Hinweise zum Umgang: alle Kirschlorbeer sind giftig, deshalb Vorsicht mit Kindern!
Weitere empfehlenswerte Sorten: 'Herbergii' (1 bis 3 m hoch, aufrecht pyramidenförmiger Wuchs, Nachblüte im Herbst); 'Otto Luyken' (ca. 1 bis 1,5 m hoch, reich blühend); 'Schipkaensis Macropylla' (ca. 2 bis 3 m hoch, schnell wachsend; reich und oft bis zum Herbst blühend); 'Zabeliana' (bis ca. 2 m hoch, aber langsames Höhenwachstum, breit; hellgrünes Blatt; sehr robust).

Pyracantha

Feuerdorn

Ursprüngliches Verbreitungsgebiet/Vorkommen: Mittelmeergebiet und Asien; meist Zuchtformen im Handel.
Wuchs, Triebe und Rinde: je nach Sorte ca. 1,5 bis 3 m hoch, sparriger Wuchs, dornenbesetzte Zweige, dunkelbraune Rinde.
Blüte und Frucht: Blüten im Juni, weiße Doldenrispen; Früchte gelb, orange oder rot, klein (unter 1 cm im Durchmesser), haften bis weit in den Winter an der Pflanze.
Blatt: immergrün; Blattfarbe grün, glänzend, meist gekerbt, mit kleinen Niederblättern, wechselständig.
Klima, Boden und Standort: Sonne bis Schatten; frosthart; bevorzugt feuchten, humus- und nährstoffrei-

Feuerdorn

che Böden (am besten Lehmböden), gedeiht aber auch auf leichteren Böden; ansonsten robust.
Verwendung: vielseitig einsetzbar, bei gutem Substrat auch als Kübelpflanze; zusammen mit Rosen entweder bei frühblühenden Sorten oder aufgrund des Beerenschmuckes zusammen mit öfter und dauerblühenden Rosen. Bei Kombinationen auf die richtige Farbe der Beeren achten! So können etwa gelbe Rosen und Feuerdorn-Sorten mit gelben Beeren (beispielsweise 'Golden Charmer' oder 'Soleil d'Or') hervorragend harmonieren, während sich dunkelrosa Rosen und Sorten mit orangefarbenen Beeren „beißen".
Pflege und Schnitt: kaum besondere Pflege nötig; verträgt Schnitt gut, aber möglichst wenig schneiden, weil die Blüten am mehrjährigen Holz ansetzen.
Der Jahreszeiten-Tipp: der Feuerdorn gehört zu den wertvollsten Ziergehölzen für den Garten; zur Blütezeit wirkt er wunderbar mit einer rosa Wildrose wie *Rosa rubiginosa* zusammen; die Früchte schmücken die Pflanze über lange Zeit; durch das immergrüne Blattwerk ist die Pflanze ohnehin für den „Ganzjahresgarten" prädestiniert.
Besonderheiten: sehr gutes Bienennährgehölz; bietet Vögeln Schutz und Nahrung.
Hinweise zum Umgang: wegen Dornen besser nicht zu nah an Durchgängen und Sitzplätzen pflanzen.
Weitere empfehlenswerte Arten und Sorten: *Pyracantha coccinea* 'Bad Zwischenahn' (2 bis 3 m hoch, Früchte orange-rot); *P. coccinea* 'Golden Charmer' (2 bis 3 m hoch, Früchte intensiv gelb); *P. coccinea* 'Orange Charmer' (2 bis 3 m hoch, Früchte orange); *P.* 'Soleil d'Or' (niedrig, ca. 1 bis 1,5 m hoch, Früchte intensiv gelb).

Quitte

Reizvolle Obstgehölze

Cydonia oblonga

Quitte

Ursprüngliches Verbreitungsgebiet/Vorkommen: Griechenland, Kreta; Wildformen wohl aus Mittelasien und Persien.
Wuchs, Triebe und Rinde: Wuchsstärke je nach Sorte und Unterlage unterschiedlich, meist als rundkronige Buschbäume.
Blüte und Frucht: Blüte im Mai/Juni, zahlreich entlang der Zweige, rosaweiß, halbkugelförmige Kelche; Früchte sehr groß, birnenförmig, intensiv gelb, Fruchtreife je nach Sorte, ab Ende September.
Blatt: sommergrün; Blattfarbe grün; eiförmig-elliptisch, teils mit gewelltem Rand.
Klima, Boden und Standort: volle Sonne; weitgehend frosthart; bevorzugt mittelschwere, nicht zu trockene und warme Böden mit einem pH-Wert unter 6; bei kalten und vernässten Substraten reagiert die Pflanze empfindlich, die Frostanfälligkeit nimmt dadurch zu.
Verwendung: wegen der hohen Attraktivität und des Bedarfes an voller Sonne möglichst einzeln stellen, nicht für Blütenhecken; als Rosenpartner vor allem zur Zeit der Fruchtreife, dann insbesondere mit gelb oder weiß blühenden Rosen.
Pflege und Schnitt: in der Jugend Aufbauschnitt (ähnlich wie bei Apfel und Birne), später nur noch Auslichtung; der Schnitt sollte im Frühjahr erfolgen.
Der Jahreszeiten-Tipp: Die Quitte ist bisher viel zu wenig bekannt und gepflanzt worden; sie wertet jeden Garten auf und setzt mit den sehr auffälligen Blüten und den goldgelb leuchtenden Früchten, die lange am Baum hängen bleiben (sofern sie nicht geerntet werden), wunderbare Akzente im Ganzjahresgarten.

Besonderheiten: Quitten können gekocht zu wohlschmeckenden Marmeladen, Gelees, Kuchen, Schnitten etc. verarbeitet werden; für den rohen Verzehr ist das Fruchtfleisch zu hart.

Malus domestica

Apfel-Kultursorten

Verbreitungsgebiet/Vorkommen: Veredelte Zuchtformen; Artname ist Sammelbegriff; auch verschiedene andere Wildäpfel zur Züchtung in Verwendung, z. B. *Malus pumila*, *M. silvestris*, heute vermehrt auch *M. robusta* und *M. floribunda*.
Wuchs, Triebe und Rinde: Stärke des Wuchses und Kronenform je nach Sorte und verwendeter Unterlage; Zweige und Triebe braungrau; Rinde im Winter teils abplatzend.
Blüte und Frucht: Blüte ab April, meist weißrosa; Fruchtreife je nach Sorte, ab September.
Blatt: sommergrün; Blattfarbe grün; einfach, nicht gelappt, eiförmig bis elliptisch.
Klima, Boden und Standort: volle Sonne; die meisten Sorten sind frosthart bis -20 °C, allerdings können die Blüten im Frühjahr schon durch Fröste von -2 °C empfindlich geschädigt werden; Bodenansprüche je nach Unterlage; allgemein lehmige, tiefgründige Böden; kalte und nasse (also vor allem tonige) Böden sind aber im Allgemeinen schlecht geeignet, da sie Wachstum und Fruchtentwicklung behindern und den Befall von Krankheiten begünstigen.
Verwendung: für Obstgärten, inmitten von Blütenwiesen; insbesondere auch für Bauerngärten; als Rosenpartner zum einen für die Berankung mit Rambler-Rosen, zum anderen als Partner für Hagebutten tragende Rosen während der Zeit der Fruchtreife.
Pflege und Schnitt: Zur Düngung wird am besten nur eine dünne Schicht (ca. 1 cm stark) halbreifer Kompost auf die Baumscheibe verteilt, zusätzlich kann mit einer dünnen Schicht Gras oder Stroh gemulcht werden; vor allem bei Gefäßkultur sollte kaliumbetont gedüngt werden; in Trockenperioden muss – insbesondere während der Fruchtentwicklung – gewässert werden; um vor Kälte zu schützen und um ein Abplatzen der Rinde zu vermeiden, sollte der Stamm im Herbst weiß gekalkt werden; zum Schutz vor dem Frostspanner können im Herbst Leimringe um den Stamm gewickelt werden; Apfelbäume brauchen einen jährlichen, fachgerechten Schnitt, um den Kronenaufbau, die Blütenbildung und den Ertrag zu fördern; dieser sollte am besten im Zeitraum von Januar bis Februar an frostfreien Tagen erfolgen.
Der Jahreszeiten-Tipp: Neben den wohlschmeckenden Früchten bietet der Apfelbaum auch einen bunt leuchtenden Fruchtschmuck; da die meisten Sorten sich bereits lange vor der Ernetreife bunt färben, kann man sich an den Äpfeln (insbesondere bei rotbackigen Sorten) besonders lange erfreuen.
Besonderheiten: Apfelbäume sind hervorragende Bienennährpflanzen und geben auch Vögeln Nist- und Unterschlupfmöglichkeiten; heruntergefallene Äpfel werden gerne von Tieren gefressen; vielfältige Verwendung der Äpfel, zum direkten Verzehr und/oder zur Weiterverarbeitung (Kompott, Kuchen, Süßspeisen etc.), je nach Sorte; viele Sorten eignen sich auch gut zur Einlagerung.
Weitere empfehlenswerte Sorten: *Cox Orangenrenette* (bevorzugt milden Standort, Blüte frostempfindlich, Frucht teils etwas schorfanfällig; sehr guter, süßer Essapfel zum sofortigen Verzehr, Ernte im August, mit sehr attraktiver gelbroter Farbe); *Goldparmäne* (bevorzugt warme Lagen; Essapfel, Ernte im September, lagerfähig bis Dezember); *Idared* (robust, nur manchmal anfällig für Mehltau; Tafelapfel, Ernte im Oktober, lagerfähig über den gesamten Winter); *Jacob Lebel* (robust, dankbar für windgeschützte Lage; Ernte im September, lagerfähig bis Dezember); *James Grieve* (einer der besten Tafel- und Kochäpfel, angenehm säuerlich schmeckend, Reife August/September; zum baldigen Verzehr bzw. zur baldigen Verarbeitung bestimmt, da kaum lagerfähig); *Roter Boskoop* (sehr robust, nur Blüte spätfrostgefährdet; sehr guter Tafel- und Kochapfel, Ernte ab Oktober, süßsäuerlich schmeckend, lagerfähig bis zum Frühjahr); *Winterrambur* (am besten auf warmen Böden; guter Kochapfel, saftig-säuerlicher Geschmack, Ernte ab Oktober, lagerfähig bis März).

Apfel-Kultursorten

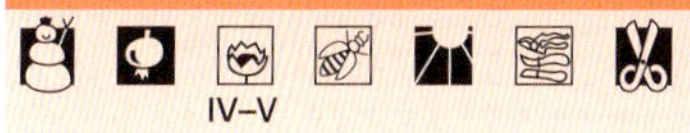

Pyrus pyraster (Pyrus communis)

Holzbirne, Birnbaum, Gemeine Wildbirne

Ursprüngliches Verbreitungsgebiet/Vorkommen: Südosteuropa bis Westasien; seit langem in Europa heimisch, aber recht selten; Abgrenzung zwischen Wild- und Kulturformen (wegen zahlreichen Einkreuzungen, Verwilderungen etc.) schwierig, Übergang fließend.
Wuchs, Triebe und Rinde: normalerweise großer Baum (Baum 2. Ordnung), aber sehr unterschiedliche Wuchshöhen, von ca. 5 bis 20 m, Krone hochgewölbt, unregelmäßig, sparrige Äste und Zweige, langsam wachsend; bedornte Kurztriebe, Triebe grau, glänzend.
Blüte und Frucht: Blüte im April/Mai, vor und während des Laubaustriebes, weiß, ca. 2 cm im Durchmesser; Früchte der Wildbirne klein, eher rund als birnenförmig, grün, ca. 2 bis 3 cm lang, bei Kultursorten weit größere Früchte mit unterschiedlicher Farbe und Form.
Blatt: sommergrün, früh austreibend; Blattfarbe frischgrün, glänzend, im Herbst verfärbend zu gelborange bis purpurrot; rundlich-eiförmig, wechselständig.
Klima, Boden und Standort: Sonne bis Halbschatten; relativ frosthart, Blüte jedoch spätfrostgefährdet; akzeptiert nahezu alle leichten bis schweren, aber nicht zu kalten und nassen Böden (keine Tonböden!) mit guter Nährstoffversorgung, bevorzugt kalkhaltige Substrate.
Verwendung: Wildform am besten in naturnahen Situationen, etwa auf Blumenwiesen, in Bauerngärten; insbesondere Kulturformen als Spalierbaum (meist an der Giebelseite von Bauern- und anderen Wohnhäusern); auch für lockere Wildhecken verwendbar, aber eigentlich zu schade; vor allem Kultursorten sind auch für Kübelkultur geeignet; als Rosenpartner zum einen für die Berankung mit Rambler-Rosen, zum anderen als Partner für Hagebutten tragende Rosen während der Zeit der Fruchtreife.
Pflege und Schnitt: Wildform bedarf keiner besonderen Pflege; ein jährlicher Schnitt ist hier nicht notwendig und nicht angeraten, da die Blüten am mehrjährigen Holz ansetzen; alle 3 bis 4 Jahre (und insbesondere bei älteren Exemplaren) sollten morsches Altholz und abgestorbene Äste weggenommen werden (wegen Fäulnis- und Astbruchgefahr).
Der Jahreszeiten-Tipp: Die Wildbirne und ihre Kultursorten beginnen mit dem Blühen und dem Laubaustrieb bereits im zeitigen Frühjahr und erfreuen durch die Wuchsform, die grau glänzenden Triebe und die Früchte bis zum Herbst; zum Ausklang des Jahres verfärben sich die Blätter in bunten Farben.
Besonderheiten: Die Wildbirne wie auch ihre Kultursorten sind wertvolle Bienennährgehölze, sie bieten Vögeln Unterschlupf, Nistmöglichkeit und Nahrung; die Höhlen in Stamm und Ästen älterer, großer Bäume werden gern von Höhlenbrütern angenommen.
Weitere empfehlenswerte Kultursorten: Conference (besonders widerstandsfähige, gut tragende und wohlschmeckende Sorte für Frischverzehr und Verarbeitung; Ernte September, bei guten Bedingungen und niedrigen Temperaturen lagerfähig bis März, dazu Früchte noch hart abpflücken); Gellerts Butterbirne (sehr gute, saftige Tafelbirne, allgemein robust, etwas schorfanfällig; Ernte und Genussreife September, nur kurz lagerfähig); Williams Christbirne (hervorragende, wohlschmeckende Birne zum Verzehr, zur Verwertung oder zum Einwecken, für Spirituosen etc., Reife ab Mitte August; bevorzugt warme Lagen).
Weitere empfehlenswerte Arten: *Pyrus salicifolius*, Weidenblättrige

Birnbaum

Birne (bis ca. 8 m hoher Baum oder Strauch, Zierbirne, mit überhängenden Zweigen; Blüten weiß, im April/Mai, Früchte ca. 2 bis 3 cm, Blätter silbrig, weißfilzig, schmallanzettlich, ca. 8 bis 10 cm lang).

Kletterpflanzen

Aristolochia macrophylla
(Aristolochia durior)

Pfeifenblume

Ursprüngliches Verbreitungsgebiet/Vorkommen: Im Osten der Vereinigten Staaten von Amerika.
Wuchs, Zweige und Rinde: Kletterpflanze, starkwüchsig, Trieblänge/Höhe bis ca. 10 m; grüne Triebe und Zweige, unter dichtem Laub kaum zu sehen.
Blüte: Blüten im Juni, allerdings klein und unauffällig, unter dem Laub.
Blatt: sommergrün; Blattfarbe dunkelgrün, sehr groß (bis ca. 30 cm), stumpf-eiförmig.
Klima, Boden und Standort: volle Sonne bis Schatten; frosthart; gut mit Nährstoffen versorgte, feuchte, am besten auch lehmige Böden; robust.
Verwendung: sehr gut als „grüne Wand", etwa als natürlicher Sonnenschutz an großen Glasbauteilen wie Wintergärten (aber Vorsicht bei außenliegenden Markisen o. Ä.!), über Lauben und Pergolen, auch in Wassernähe, an und in Großbäumen; die Pfeifenwinde braucht wegen ihrer Starkwüchsigkeit viel Platz zur Entfaltung.
Pflege und Schnitt: Boden feucht halten; Schnitt möglich und zur Begrenzung des Wachstums oft unvermeidlich.
Der Jahreszeiten-Tipp: Als eine der besten und attraktivsten Blattpflanzen des Gartens ist die Pfeifenwinde sehr gut mit Pflanzen wie der Strauchrosskastanie, dem Frauenmantel (*Alchemilla mollis*) und der großblättrigen *Gunnera macrophylla*, aber auch vielen feuchtigkeitsliebenden Gräsern und Seggen zu kombinieren. Ihr dunkles Grün liefert zudem den idealen Mittelgrund für Blütenbeete und -rabatten.
Besonderheiten: unter Umständen Bodenverbesserung vor der Pflanzung; Pflanze braucht eine Kletterhilfe (Rankgerüst, Pergola), da nicht selbstklimmend.

Kleinblumige Clematis und Wildformen

Ursprüngliches Verbreitungsgebiet/Vorkommen: Mittel- und Südeuropa, vor allem Alpen und Alpenvorland; in lichten Nadelmischwäldern, Gebüschen, zwischen Felsen.
Wuchs, Zweige und Rinde: Kletterpflanze, je nach Art bzw. Sorte ca. 2 bis 10 m hoch; Zweige graubraun, faserig.
Blüte und Frucht: Blütenfarbe je nach Art bzw. Sorte (siehe unten), Blütezeit je nach Art bzw. Sorte ab April, klein bis mittelgroß; oft mit reizvollen Samenständen.
Blatt: sommergrün; Blattfarbe meist grün, gefiedert.
Klima, Boden und Standort: Sonne bis Halbschatten; größtenteils frosthart; bezüglich des Bodens meist wenig anspruchsvoll.
Verwendung: je nach Wuchsstärke zur Begrünung von Zäunen, Wänden, Klettergerüsten, Pergolen und Bäumen; als Rosenpartner insbesondere zur Berankung von höher werdenden Strauchrosen (auf Wuchseigenschaften achten!) oder zusammen mit Kletter- oder Rambler-Rosen am Rankgerüst, Rankbogen, Laubengang beziehungsweise in Bäumen; schwach wachsende und niedrig bleibende Arten wie

Waldrebe/Clematis

C. x jouiniana auch in kleinen Sträuchern oder als Bodendecker.
Pflege und Schnitt: zur Beschattung des Fußes sollten um alle Clematis am besten Pflanzen mit dichtem Blattwerk gepflanzt werden (z. B. Hosta oder *Brunnera macrophylla*); ein regelmäßiger Schnitt ist bei *Clematis*-Wildformen nicht notwendig, wird aber gut vertragen.
Besonderheiten: Die hübschen, silbrig glänzenden Samenstände bilden einen dauerhaften Schmuck bis zum Herbst; Pflanze braucht Kletterhilfe, da nicht selbstklimmend.

Weitere empfehlenswerte Arten und Sorten: *Clematis flammula* (Blüte August bis Oktober, weiß, klein, überreich blühend, intensiver Duft; 5 m und höher, fühlt sich auch auf schattigen Nordseiten wohl); *C. x jouiniana* (Blüte August bis Oktober, blasslila, klein, überreich blühend; halbstrauchig bis staudig wachsend, niedrig bleibend, auch als Flächendecker einsetzbar); *C. montana* 'Rubens' (Blüte Mai bis Juni, rosa, ca. 5 bis 7 cm im Durchmesser; frosthart, für früh blühende Rosen); *C. tangutica* (Blüte Juni, August, September; gelb, klein, über 5 m und höher; braucht volle Sonne); *C. vitalba*, Gewöhnliche Waldrebe (Blüte ab Juni, weiß, braucht nach der Pflanzung oft einige Jahre „Anlaufzeit" bis zur ersten Blühsaison; 10 m und höher, Blatt lange an der Pflanze verbleibend); *C. viticella* (Blüte Juli bis September, hellviolett-hellpurpurrot, klein; 6 bis 9 m hoch, sehr schnell wachsend, zahlreiche Sorten).

Großblumige *Clematis*-Hybriden

Verbreitungsgebiet/Vorkommen: nur Veredlungsformen (Gruppen: *Clematis florida*, *C. lanuginosa*, *C. patens*, *C. viticella* und *C. x Jackmanii*).
Wuchs, Zweige und Rinde: meist schwach wachsende Kletterpflanze, je nach Sorte unterschiedlich hoch, aber nur selten über 4 m Höhe; Triebe grau bis braun; junge Triebe sind empfindlich, knicken leicht ab; faserige Rinde.
Blüte und Frucht: Blütezeit je nach Sorte Frühjahr bis Herbst, verschiedenste Farben und Zeichnungen.
Blatt: sommergrün; Blattfarbe mittelgrün, meist zu 3 angeordnet (dreizählig), Blättchen eiförmig zugespitzt.
Klima, Boden und Standort: bevorzugen in der Regel nicht zu sonnige Standorte; Frosthärte je nach Sorte; am liebsten alkalische Böden mit ausreichender Bodenfeuchte.
Verwendung: an Mauern, Bogengängen, Pergolen und in Sträuchern; Clematis sind hervorragende Partner für Rosen, insbesondere für Strauch- und Kletterrosen; die überaus zahlreichen Sorten in beiden Gattungen bieten eine Fülle von Kombinationsmöglichkeiten; aufgrund der geringen Wüchsigkeit können die meisten *Clematis*-Hybriden auch direkt durch die Zweige von Rosensträuchern klettern; viele Sorten bilden zudem dekorative, silbrige Samenstände aus, die auch nach ihrem Verblühen noch lange einen reizvollen Schmuck zwischen den ausdauernden Rosenblüten bilden.
Pflege und Schnitt: *Clematis*-Hybriden kommen in der Regel nicht ohne Pflege aus; sich selbst überlassen, verschwinden sie oft nach kurzer Zeit; in längeren Trockenperioden muss der Boden um die Clematis feucht gehalten werden; großblumige Hybriden sollten in jedem Jahr im Spätwinter oder im zeitigen Frühjahr stark zurückgeschnitten werden (je nach Sorte, auf ca. 50 cm Trieblänge), damit der Wuchs und die Blütenbildung gefördert werden; zudem kann dadurch das Auftreten von Clematis-Welke eingedämmt werden; wenn die Krankheit auftritt, sind die befallenen Blätter und Triebe am besten sofort entfernen und in der Hausmüll-Tonne entsorgen, nicht auf den Kompost geben; durch das Wegschneiden verwelkter Blüten kann die zweite Blüte gefördert werden.
Besonderheiten: Die Veredlungsstelle am Wurzelhals muss bei allen großblumigen Hybriden eine Handbreit in den Boden gepflanzt werden; am sichersten auf die West- oder Ostseite pflanzen; zur Beschattung des Fußes sollten um alle Clematis am besten Pflanzen mit dichtem Blattwerk gepflanzt werden (z. B. Hosta oder *Brunnera macrophylla*); Pflanze braucht Kletterhilfe, da nicht selbstklimmend.
Weitere empfehlenswerte Sorten: 'Duchess of Edinburgh' (Blüte Mai bis Juni und August bis September, weiß, Durchmesser 10 bis 13 cm; Wuchshöhe bis ca. 3,5 m); 'Ernest Markham' (Blüte Juli bis September/Oktober, mittelgroß, purpurrot, beim Verblühen blauroter Schimmer, Durchmesser 10 bis 13 cm; Wuchshöhe ca. 3,5 m); 'Jackmanii' (Blüte Juli bis September, purpurblau, Durchmesser 10 bis 15 cm; bis ca. 4 m Höhe); 'Lasurstern' (Blüte Juli bis September, tiefes Lavendelblau, Durchmesser variierend; Wuchshöhe bis ca. 3 m); 'Mme Le Coultre'

(Blüte Juni und August bis September, reinweiß, Durchmesser 14 bis 17 cm; Wuchshöhe 3 bis 4 m); 'Perle d'Azur' (Blüte Juli bis September, himmelblau, Durchmesser ca. 10 bis 14 cm, Wuchshöhe 3 bis 4,5 m); 'The President' (Blüte Juni bis Oktober, dunkelviolett, Durchmesser 14 bis 18 cm; Wuchshöhe ca. 3 m); 'Rouge Cardinal' (Blüte Juni bis September, faszinierend magentarot, Durchmesser über 10 cm; Wuchshöhe 2,5 bis 3 m); 'Twilight' (Blüte Juni bis Oktober, faszinierend blauviolett-rosa, Durchmesser ca. 15 bis 20 cm; Wuchshöhe 2,5 bis 3,5 m); 'Ville de Lyon' (Blüte Juni bis Oktober, dunkelkarminrot mit silberweißer Zeichnung, Durchmesser ca. 6 bis 11 cm; Wuchshöhe 3 bis 5 m).

Hedera helix

Efeu

Ursprüngliches Verbreitungsgebiet/Vorkommen: weite Teile Europas, Westasien.
Wuchs: kletternd oder am Boden kriechend, bis über 20 m hoch, aber langsam wachsend; junge Triebe besitzen schuppenartige Sternhaare und Haftwurzeln.
Blüte und Frucht: Pflanze blüht erst nach ca. 7 bis 9 Jahren, August bis Oktober, gelblich weiße Doldenblüten, unauffällig; schwarze Beerenfrüchte ab dem folgenden Februar/März.
Blatt: immergrün; Blattfarbe dunkelgrün mit weißen Adern; Form in etwa herzförmig, variierend.
Klima, Boden und Standort: Sonne bis Schatten; frosthart; bevorzugt kühle, kalkhaltige Böden; robust.
Verwendung: als Bodendecker in schattigen Bereichen, als Kletterpflanze in großen Bäumen und an Mauern; wegen des sehr langsamen Wuchses und der guten Schnittverträglichkeit kann Efeu gut unter Kontrolle gehalten werden; der Efeu eignet sich etwa an Wänden als reizvoller Hintergrund für Rosen oder auch zusammen mit Rambler-Rosen (vor allem weißen) in Bäumen.
Pflege und Schnitt: als Wildpflanze sehr pflegeleicht; verträgt Schnitt sehr gut (etwa für Efeu-Kränze und zum Anwurzeln für die Vermehrung); da die jungen Triebe Luftwurzeln aufweisen, muss unter Umständen durch Rückschnitt für die Erhaltung der Kletterfähigkeit gesorgt werden.
Der Jahreszeiten-Tipp: Als eine der wenigen, zuverlässig winterharten Immergrünen ist der Efeu besonders wichtig; sowohl in naturnahen als auch in streng durchgeplanten Bereichen einsetzbar; weiße Blütenpflanzen harmonieren mit Efeu im Hintergrund besonders gut.
Besonderheiten: Pflanze ist selbstklimmend, klettert mittels Haftwurzeln; nur an sehr glatten Wänden manchmal Kletterhilfe erforderlich; *Hedera helix* bildet als Kletterpflanze nach ca. 5 bis 10 Jahren eine Altersform aus; Efeu-Beeren werden von Vögeln gefressen; Efeu wird als Liebhaberpflanze in zahlreichen Arten und Sorten angeboten.
Hinweise zum Umgang: Pflanze ist sehr giftig, deshalb Vorsicht mit Kindern!
Weitere empfehlenswerte Sorten: 'Arborescens' (Altersform von *Hedera helix* mit fleischigen, anders geformten Blättern und fleischigen Trieben); 'Hibernica', Irischer Efeu (ähnlich *H. helix*, aber schneller und stärker wachsend, fast weiße Blattadern); 'Glacier' (mit weißer Blattzeichnung); 'Goldherz' (oder 'Goldheart', mit goldgelber Blattmitte, schnell wachsend); 'Tricolor' (mit graugrün-gelblichem und rosa Blatt, sehr interessant, langsam und schwach wachsend, für kleinere Flächen).

Efeu

Kletterhortensie

VI–VII 8 m

Hydrangea petiolaris

Kletterhortensie

Ursprüngliches Verbreitungsgebiet/Vorkommen: Ostasien, Japan; Südostasien, Formosa, Korea.
Wuchs, Triebe und Rinde: Kletterstrauch, bis ca. 8 m hoch, recht langsam wachsend; Triebe rotbraun; Borke älterer Zweige löst sich ab.
Blüte und Frucht: Blüte Juni bis Juli, gelblich weiß, außen teils gerötet, in flachen Doldentrauben; Früchte unauffällig.
Blatt: sommergrün; Blattfarbe intensiv grün, im Herbst zu Gelb verfärbend; herzförmig, zugespitzt, langgestielt.
Klima, Boden und Standort: Halbschatten; frosthart; bevorzugt feuchte Böden, stellt ansonsten aber keine besonderen Ansprüche an den Boden; sehr widerstandsfähig.
Verwendung: zur Begrünung von Mauern, an Pergolen, an größeren Bäumen und Gehölzen; mit Kletter- und Strauchrosen, aber auch höher werdenden Beetrosen im „mixed border" sehr bemerkenswert; ältere Kletterhortensien können, da sie selbstklimmend sind, auch als natürliche Rankhilfe für Kletterrosen eingesetzt werden; am schönsten kommt diese Kombination bei rosa blühenden Rosen zur Geltung.
Pflege und Schnitt: Die Pflanze ist im Allgemeinen kaum pflegebedürftig; da die Kletterhortensie an den im Vorjahr gebildeten Kurztrieben blüht, dürfen diese nicht abgeschnitten werden; ein Rückschnitt nach der Blüte ist hingegen empfehlenswert.
Der Jahreszeiten-Tipp: Neben ihrer wunderschönen Blüten bietet die Kletterhortensie auch ein schönes und dichtes Laub, das sich zudem im Herbst goldgelb verfärbt; die Kletterhortensie eröffnet die Blühsaison der Hortensien; als Partner zur Blütezeit sind besonders Rosen und Clematis zu empfehlen.
Besonderheiten: Die Kletterhortensie ist selbstklimmend, das heißt, sie klettert mit Hilfe von Haftwurzeln an Baumstämmen und Mauern hinauf; nur auf sehr glatten Oberflächen (z. B. Metalle, glatter Putz) braucht sie manchmal eine Unterstützung durch Spanndrähte o. Ä.; wegen ihrer guten Schattenverträglichkeit kann sie auch in Nordlagen eingesetzt werden; die Pflanze bietet Vögeln Nist- und Rückzugsmöglichkeit sowie Futter. Kletterhortensien wachsen in der Regel sehr langsam, entwickeln sich aber zu prachtvollen Gehölzen.

Lonicera

Geissblatt

Ursprüngliches Verbreitungsgebiet/Vorkommen: je nach Art Europa bis Asien, Ostasien und Zuchtformen.
Wuchs, Triebe und Rinde: Kletterpflanze, je nach Art bzw. Sorte ca. 3 bis 6 m hoch, schlingend.
Blüte und Frucht: je nach Art Frühjahr bis Herbst, je nach Art weiß, gelb, orange oder rot in verschiedenen Mischungen, langröhrige Blüten, zu mehreren stehend; Früchte rot oder schwärzlich violett.
Blatt: meist sommergrün; elliptisch bis eiförmig-länglich, auch lang-lanzettlich.
Klima, Boden und Standort: Sonne bis Halbschatten; frosthart; Geißblätter gedeihen am besten auf feuchten Böden; stellen ansonsten keine besonderen Ansprüche; aber nicht an heißen Südwänden mit

3–6 m

Geissblatt

austrocknenden Böden pflanzen, da dies die Anfälligkeit für Lausbefall deutlich erhöht!

Verwendung: wegen in der Regel noch kontrollierbarer Wuchsstärke vielfältig einzusetzen; an Wänden, Ein- und Durchgängen, über Lauben und Pergolen, in größeren Gehölzen (wegen der Möglichkeit des Abrückens nur an Stämmen und dicken Ästen); als Partner für Rosen besonders gern zur Berankung von Rosenbögen und Laubengängen verwendbar (bei gemeinsamer Blüte farblich passende Sorte auswählen!); am besten öfter und dauerblühende Rosen wählen!

Pflege und Schnitt: in längeren Trockenperioden sollte gegossen werden; alle 3 bis 4 Jahre, nötigenfalls auch öfters, empfiehlt sich ein starker Rückschnitt (auf ca. 50 cm Trieblänge), da die Pflanzen zur Verkahlung der unteren Partien neigen; durch den Schnitt wird das Blattkleid wieder dicht und die Blütenbildung wird gefördert.

Der Jahreszeiten-Tipp: die reiche, oft sehr langdauernde Blüte und die interessanten Blütenformen dieser Kletterpflanzen rechtfertigen in jedem Fall schon ihre Pflanzung; aber auch der reiche Fruchtbehang im Sommer und Herbst ist sehr attraktiv; *Lonicera henryi* besitzt zudem noch immergrünes Blattwerk.

Besonderheiten: Geißblätter werden gern von Nachtfaltern aufgesucht, die den Grund der langen Röhrenblüten erreichen können.

Hinweise zum Umgang: Geißblätter sind giftig, deshalb Vorsicht mit Kindern!

Weitere empfehlenswerte Arten und Sorten: *Lonicera caprifolium*, Jelängerjelieber (in Europa heimisch, bis ca. 4 m hoch; Blüte Mai/Juni, gelbweiß; besonders gut in Halbschatten und Schatten); *L. x brownii* 'Dropmore Scarlet' (ca. 3 bis 4 m hoch; Blüten ab Juni bis in den Herbst, rot; bevorzugt volle Sonne); *L. x heckrottii* (ca. 3 bis 4 m hoch; Blüten von Juni bis in den Herbst, gelb mit rot; bevorzugt volle Sonne); *L. henryi* (aus China, ca. 3 bis 4 m hoch; Blüte Juni bis August, gelbrot, Blattwerk immergrün; gut für Sonne bis Schatten, braucht einen geschützten Standort); *L. x tellmanniana* (starkwüchsig, bis ca. 6 m hoch; Blüte Mai bis Juli, orangegelb, Sonne bis Schatten).

Wilder Wein

Parthenocissus

Wilder Wein

Ursprüngliches Verbreitungsgebiet/Vorkommen: Osten der Vereinigten Staaten, Japan.

Wuchs, Triebe und Rinde: Kletterpflanze, bis über 15 m hoch, stark und schnell wachsend.

Blüte und Frucht: Blüten unauffällig; Früchte blau, klein, beerenartig, im Spätsommer.

Blatt: sommergrün; Blattfarbe grün; bei *Parthenocissus quinquefolia* und Sorten im Herbst karminrot, 5-zählig, Blättchen eiförmig-elliptisch, gesägt; bei *P. tricuspidata* und Sorten im Herbst gelb-orange bis tiefrot, herzförmig, dreifach gelappt, gesägt.

Klima, Boden und Standort: Sonne bis Schatten; frosthart; Wilder Wein stellt kaum Ansprüche an den Boden; sehr robust.

Verwendung: zur Begrünung großer Flächen, auch großer Bäume, über großen Pergolen etc.; bei Rosen sehr gut als attraktiver grüner Hintergrund an Wänden oder Zäunen.

Pflege und Schnitt: Pflege ist kaum nötig; Schnitt wird oft durch das starke Wachstum notwendig, wird hervorragend vertragen.

Der Jahreszeiten-Tipp: Wilder Wein ist bekannt und beliebt als zuverlässiger und dichter grüner Wandschmuck für große Flächen; vor

allem die selbstklimmenden Sorten sind bei fachgerechter Pflanzung in kurzer Zeit hochzuziehen.
Besonderheiten: Wilder Wein rankt entweder an einer Kletterhilfe oder klimmt selbst mittels Haftscheiben; deshalb je nach angestrebter Verwendung passende Sorte auswählen; bei der Pflanzung sollte der Wurzelballen – wie bei allen Klettergehölzen – in ausreichendem Abstand (mindestens 50 cm) von einer Wand gepflanzt werden, damit er nicht austrocknet und die Wurzeln genügend Platz zum Ausbreiten haben; Pflanze lockt viele Bienen und Wespen an.
Weitere empfehlenswerte Arten und Sorten: *Parthenocissus quinquefolia* (aus Nordamerika, rankend, ohne Haftscheiben); *P. quinquefolia* 'Engelmanni' (mittels Haftscheiben selbst klimmend); *P. tricuspidata* 'Vetchii' (wohl aus Japan, besonders stark wachsend, mittels Haftscheiben selbst klimmend).

Brombeere

Rubus fruticosus

Gemeine Brombeere

Ursprüngliches Verbreitungsgebiet/Vorkommen: weite Teile Europas und Asiens; auf Brachflächen, in lichten Wäldern, Gebüschen, Hecken etc.; es existieren extrem viele Formen, Arten, Sorten etc., die kaum voneinander abzugrenzen sind.
Wuchs, Triebe und Rinde: strauchartige Kletterpflanze (auch kriechend), freiwachsend bis ca. 1 m hoch; 3 bis 4 m lange Triebe mit kurzen Stacheln (jedoch auch unbestachelte Zuchtformen), auf der der Sonne zugewandten Seite violettrot; Zweige bilden bei Bodenkontakt Wurzeln.
Blüte und Frucht: Blüte von Juni bis August, meist weißrosa, auch mit karminrot und purpurrot, in Doldentrauben; Brombeeren ab August, dunkel-violettschwarz.
Blatt: insgesamt sehr unterschiedliche Blätter; sommergrün, teils auch wintergrün; Blattfarbe grün bis dunkelgrün, teils intensive, teils kaum Herbstfärbung; filzig, gefiedert, meist 5- bis 7-zählig.
Klima, Boden und Standort: Sonne bis Halbschatten; nicht völlig frosthart; stellt keine großen Ansprüche an den Boden, jedoch nicht zu saure Standorte; bevorzugt feuchte, nicht zu nährstoffreiche Substrate und luftfeuchte Standorte; salzempfindlich.
Verwendung: insbesondere für kleine Klettergerüste und halbhohe Zäune (z. B. an Bauerngärten); vor allem in naturnahen Gärten; als feiner, zurückhaltender und natürlich wirkender Rosenpartner sehr schön einzusetzen wegen der ausdauernden weißen Blütchen und der Früchte, die besonders öfter und dauerblühende Rosen lange begleiten; im Herbst durch Blattfärbung gute farbliche Ergänzung für blühende wie auch für Hagebutten tragende Rosen; Brombeeren können durchaus auch größer werdende Rosensträucher durchwachsen – eine speziell für naturnahe Gärten sehr empfehlenswerte Variante!
Pflege und Schnitt: da die Blüten meist an den Triebenden des vorjährigen Holzes ansetzen, dürfen diese nicht abgeschnitten werden; abgeblühte Triebe im folgenden Winter herausnehmen.
Der Jahreszeiten-Tipp: Brombeeren eignen sich sowohl als Nutz- wie auch als reizvolle Zierpflanzen, die malerischen Wuchs mit schönem Blattwerk sowie reichem Blüten- und Fruchtschmuck verbinden.
Besonderheiten: die Brombeere ist im engeren Sinn kein echter Strauch, da die Zweige im zweiten Jahr, also nach der Blüte, absterben; Brombeerblüten werden gern von Bienen aufgesucht; die Samen der Früchte werden durch Vögel und andere Tiere verbreitet.
Hinweise zum Umgang: wegen der Stacheln nicht zu nah an Sandkästen, Spielplätze etc. pflanzen.
Weitere empfehlenswerte Sorten: 'Thornfree' (stachellose Form, große Früchte, hoher Ertrag, Reife August bis Oktober, dankbar für geschützten Standort).

Vitis vinifera

Echter Wein

Ein Arrangement aus Echtem Wein und der Rose 'Schneewittchen'

Ursprüngliches Verbreitungsgebiet/Vorkommen: Zuchtformen (*Vitis vinifera ssp. vinifera*) mit Tafel/Weintrauben; Wildform (*V. vinifera ssp. sylvestris*), unter anderem in lichten Auwäldern am Rhein.
Wuchs, Triebe und Rinde: Kletterpflanze, Wildform wie auch Kultursorten bis ca. 10 m hoch, je nach Standort und Pflege teils auch bedeutend mehr, mit Ranken kletternd; hell- bis dunkelbraune Rinde, die sich in bastartigen Streifen ablöst.
Blüte und Frucht: Blüte im Juni, gelblich grün, Rispen mit leichtem Duft; Früchte blauviolette oder grüne Beeren, ab Oktober.
Blatt: sommergrün; Blattfarbe grün, im Herbst zu gelb und rot verfärbend; rundlicher Umriss, 3- bis 5-lappig.
Klima, Boden und Standort: volle Sonne, Wildformen teils auch Halbschatten; frosthart bis ca. -20 °C; stellt keine besonderen Ansprüche an den Boden, falls weder vernässt noch länger austrocknend (sonst weniger widerstandsfähig gegen Kälte und Hitze sowie Krankheiten und Schädlinge); Kulturformen sind aber grundsätzlich recht widerstandsfähig gegen Trockenheit; am besten ist ein geschützter, warmer Platz am Haus, bevorzugt auf der Südseite (auch Südost bzw. Südwest); ansonsten relativ robust.
Verwendung: am besten als malerische Fassadenbegrünung, über Hauseingängen und Sitzplätzen; zusammen mit Rosen sehr schön als ruhiger, dicht beblätterter Hintergrund an Wänden und hohen Zäunen; im Spätsommer und Herbst mit Trauben und schöner Herbstfärbung hervorragender Rosenpartner sowohl für öfter und dauerblühende Rosen als auch für Sträucher mit Hagebuttenschmuck; stark wachsende Rambler-Rosen können auch mit dem Wein zusammengepflanzt werden; wegen Farbharmonie mit den Rosen am besten Sorten mit blauen Trauben pflanzen!
Pflege und Schnitt: Zum Schnitt werden jedes Jahr etwa 80 Prozent des vorhandenen einjährigen Holzes entfernt, das heißt, das Fruchtholz wird auf zwei bis vier Augen eingekürzt („auf Zapfen geschnitten"); nur bei Sorten, die vor allem am langen Holz tragen, sollten mehr Augen am Trieb verbleiben. So genannte Wasserschosse (nicht fruchttragende Langtriebe) sollten entfernt werden, um die Fruchtbildung nicht zu beeinträchtigen. Wenn der Ertrag nicht im Vordergrund steht oder nicht viel Zeit zur Verfügung steht, kann der Schnitt auch einmal ausfallen.
Besonderheiten: Pflanze ist Selbstbefruchter, braucht also keinen Partner; das Erdreich muss für die Pflanzung einer Weinrebe tiefgründig sein, um den weit hinabreichenden Wurzeln genügend Platz zur Entfaltung bieten zu können; bei der Pflanzung ist – wie bei allen Kletterpflanzen – darauf zu achten, dass das Wurzelwerk schräg von der Hauswand weg und mit ausreichendem Abstand (Dachüberstand bedenken!) eingepflanzt wird, um das Austrocknen der Pflanze zu verhindern; die Triebe benötigen aber immer eine Unterstützung, damit sich ihre Ranken festhalten können; wird die Rebe an einem Holzlattengerüst gezogen, so muss dieses einen ausreichenden Abstand von der Wand haben (etwa 15 cm); bei der Auswahl der Sorte auf vorgesehene Verwendung und Geschmack der Trauben achten.
Weitere empfehlenswerte Arten: *Vitis coignetiae* (aus Japan und Korea, 10 m und höher, Blätter bis 30 cm breit, mit wundervoller gelboranger bis karminrot-scharlachroter Herbstfärbung und lange an der Pflanze haftendem Laub).

Im Überblick: Für jeden Standort die richtigen Stauden und Einjährigen

In den nachfolgenden Übersichten sind die wesentlichen Merkmale der Stauden und Einjährigen zu finden, die im Text als geeignete Pflanzpartner für Rosen erwähnt worden sind.

1. Stauden, einjährige Blumen und Zwiebelpflanzen für sonnige Standorte

Pflanzenname	Standortansprüche, Pflege, Verwendung	Blütenfarbe, Blütezeit	Wuchs, Blatt
Aster	Gartenformen der Aster brauchen humus- und nährstoffreiche, *A. alpinus* u. *A. amellus* auch kalkhaltige Böden; meist gute Schnittblumen!	rosa, violett, blau, weiß; je nach Art Frühjahr bis Herbst	ca. 40 cm (Kissenaster) bis ca. 140 cm (Glattblattaster)
Dahlie	wertvolle Dauerblüherin, vielblütig als Samen oder auspflanzbare Knollenpflanze erhältlich; klein- und orchideenblütige Sorten bevorzugen!	weiß, rosa, rot, violett, gelb, orange; Juli–Oktober	ca. 30 cm (Mignon-Dahlie) bis ca. 250 cm
Glockenblume (*Campanula persicifolia*/ *C. glomerata*)	kalkhaltige, humose, nährstoffreiche, zeitweise auch trockene Böden	blauviolett; Juni–Juli/ Juni–August	ca. 80 cm/60 cm
Niedrige Glockenblume (*C. carpatica*/ *C. cochleariifolia*)	kalkhaltige Böden; sehr gut in Verbindung mit Steinen und Mauern	hellblauviolett/violettblau; Juni-Juli/	ca. 25 cm/10 cm, buschig
Heiligenblume	kalkhaltige, durchlässige, zeitweise austrocknende Böden unbedingt in mediterranen Garten aufnehmen (!); aromatisch duftend; mit blauer Schwertlilie oder Salbei zusammenpflanzen (!)	gelb; Juli–August	ca. 40 cm; Blatt schmal, fein fiederschnittig, weißfilzig, immergrün
Königskerze	durchlässige, zeitweise austrocknende Böden,	gelb, rosa bis violett; violett; Juni–September/ Mai-Juni	ca.60–200 cm (je nach Art)
Lavendel	durchlässige, zeitweise austrocknende Böden,	hellblauviolett, weiß; Juni–Juli/August	ca. 25–40 cm
Lupine	nährstoff- und humusreiche Böden bevorzugend, relativ kurzlebig (ca. 3 Jahre), nach der Blüte zurückschneiden!	rot, blau, violett, gelb; Juli–August	ca. 80 cm, horstartig aufrecht; Blatt lanzettlich, in Quirlen angeordnet
Ochsenzunge	nährstoffreiche, humose Böden; im September bis auf den Wurzelstock zurückschneiden!	enzianblau; Juni–Juli	ca. 1 m; Blatt länglich-lanzettlich

Pflanzenname	Standortansprüche, Pflege, Verwendung	Blütenfarbe, Blütezeit	Wuchs, Blatt
Palmlilie (*Yucca filamentosa*)	durchlässige, zeitweise austrocknende Böden; winterhart (!), im mediterranen Garten unbedingt einplanen!	weiß; Juli–August	ca. 50 cm (Blätter)/ ca. 150 cm (Blütenschäfte); Blatt länglich-lanzettlich; wintergrün
Pfingstnelke, Federnelke	durchlässige, zeitweise trockene Böden, polsterbildend; gut in mediterranen oder Steingärten	rosa, rot, weiß; Mai–Juni	ca. 15–25 cm; Blatt grau-/blaugrün
Pfingstrose	humose, nährstoffreiche, teils auch lehmige Böden; rot; gefüllte u. ungefüllte Sorten; Bauernpfingstrose unbedingt in den Bauerngarten aufnehmen (!); möglichst lange in Ruhe lassen (!); gute Schnittblume	weiß, rosa; April–Juni	bis ca. 80 cm; breitbuschig
Phlox	nährstoffreiche, humose, frische Böden; Schnittblume	weiß, rosa, rot, hellblauviolett, Violett; Juni–August/April–Mai (Teppichphlox)	ca. 90 cm/ca. 10 cm (Teppichphlox)
Rittersporn (*Delphinium x belladonna*/D. x *cultorum)*	braucht humus- und nährstoffreiche Böden; nach der ersten Blüte zurückschneiden, um zweite Blüte zu fördern (!); braucht oft Stütze, damit Blütenschäfte nicht knicken; im Bauerngarten unbedingt aufnehmen (!); giftig!	viele Blautöne, lila, weiß; Blütezeit?	ca. 1,2 m/1,7–1,8 m; horstig; Blatt handförmig gelappt
Salbei	durchlässige, zeitweise trockene Böden; unbedingt in Duftgarten aufnehmen, Gewürzsalbei in den Kräutergarten; winterhart (!)	blauviolett; Mai–Juli	ca. 30–90 cm (je nach Art/Sorte); Blatt eiförmig, dunkel-/graugrün
Schafgarbe	nährstoffreiche, humose, durchlässige Böden; nach der ersten Blüte zurückschneiden, um Nachblüte zu fördern (!); gute Schnittblume, aromatisch duftend	gelb, weiß;Juni–August	ca. 40–120 cm (je nach Art/Sorte); Blatt gefiedert, graugrün
Schleifenblume	durchlässige, zeitweise trockene Böden; für mediterrane Gärten/Steinteingärten verwenden (!); gute Polsterstaude	weiß; April–Mai;teils Nachblüte	ca. 10 cm/25 cm (je nach Sorte); Blatt linealisch
Schwertlilie (*Iris barbata-elatior*)	durchlässige, zeitweise trockene Böden; blaue und weiße Sorten zusammen mit Spornblume pflanzen (!)	weiß, gelb, blau bis violett, rosa bis dunkelrot; Mai–Juni	ca. 90 cm; Blatt schwertförmig, blaugrün; Blüten orchideenartig
Sonnenblume (*Helianthus annuus*)	durchlässige, nährstoffreiche Böden; sowohl im Bauerngarten als auch im mediterranen Garten wertvoll!	gelb; Juli–Oktober	ca. 2 m; Blatt herzförmig
Spornblume	durchlässige, kalkhaltige, zeitweise trockene Böden; vor Mauern und Steinflächen	karminrot/rosa, weiß; Juni–August	ca. 60 cm; Blatt lanzettlich, blaugrün
Stockrose	nährstoffreiche, humose, zeitweise trockene Böden; nicht zu nass halten (!); zweijährig	rot, rosa, gelb, weiß; Juni–Juli	ca. 2 m; Blatt herzförmig

Pflanzenname	Standortansprüche, Pflege, Verwendung	Blütenfarbe, Blütezeit	Wuchs, Blatt
Thymian	durchlässige, zeitweise trockene Böden; unbedingt in Duft-/Kräutergarten aufnehmen, als Flächendecker zwischen Steinflächen; alle Arten duften aromatisch	hellblauviolett, rosa; Mai–Juni/Mai–Juli	ca. 5–40 cm; Blatt wintergrün
2. Stauden für schattige und halbschattige Standorte			
Astilbe (Prachtspiere)	nährstoffreiche, humose, kaum durchwurzelte Böden	weiß, violettrosa, rosa, bis rubinrot; ab Juni	diverse Arten und Sorten von ca. 40–110 cm; Blättchen gesägt
Eisenhut (*Aconitum napellus*/ *A. x arendsii*)	gute, humose, frische bis feuchte Böden, nicht austrocknen lassen (!);giftig (!)	violettblau, weiß; Juli–August/September–Oktober	über 1 m, aufrecht; Blatt handförmig geteilt
Fingerhu (*Digitalis purpurea*)	kalkarme, nährstoff- und humusreiche, feuch te Böden; Pflanze ist zweijährig, sät sich an richtigem Standort oft selbst aus; da heimische Waldpflanze, zusammen mit Farnen pflanzen; giftig (!)	rosa, rot, innen gefleckt; Juni–Juli	ca. 1,5 m, horstartig; Blatt eiförmig- lanzettlich, graugrün
Fingerhu (*Digitalis grandiflora*)	kalkhaltige, nährstoff- und humusreiche Böden; giftig (!)	gelb, Juni–Juli	ca. 60 cm, horstartig
Frauenmantel	recht anspruchslos, bei langer Trockenheit gießen; wolkenartige Blüten, gut als Rabatteneinfassung	gelblich grün;Juni–Juli	ca. 40 cm, Wuchs kräftig, buschig; Blatt kreisförmig, gefaltet, rau
Funkie (*Hosta*-Arten)	braucht nährstoffreiche Böden; sehr schön auf Rabatten, mit Gehölzen, zusammen mit hohen Astilben Herbst- oder Japananemone pflanzen (!); viele Blattvarianten (u. a. blaugrün o. weißbunt).	weiß, (hell) blauviolett; Juli/August	ca. 30–60 cm (je nach Art)
Gefleckte Taubnessel	humusreiche, feuchte Böden; als Flächendecker unter Gehölzen verwenden, nicht wuchernd (!)	rosa, purpurrot; April–September	ca. 25 cm; Blatt rau, weißlich-silbrig gefleckt, wintergrün
Geißbart	humose, feuchte Böden, Standorte mit ausreichender Luftfeuchte; Nachkommen durch Selbstaussaat, zusammen mit Kletter- oder Strauchrosen pflanzen	gelblich weiß; Juni–Juli	ca. 1,5 m; große, horstartige Büsche bildend; Blatt 2- bis 3-fach gegliedert, Blättchen gesägt
Herbstanemone	nährstoffreiche, humose Böden; zusammen mit Eisenhut pflanzen	violettrosa; August–September	ca. 1 m buschig, Gruppen bildend; Blatt 3-zählig, dreilappig

Pflanzenname	Standortansprüche, Pflege, Verwendung	Blütenfarbe, Blütezeit	Wuchs, Blatt
Japan-Anemone	nährstoffreiche, humose Böden; zusammen mit Eisenhut pflanzen	weiß, rosa, purpurrot; August–Oktober	ca. 1,2 m, buschig, Gruppen bildend; Blatt 3-zählig, lappig
Kaukasus-Vergißmeinnicht	humose, gut durchlässige Böden, Boden locker halten, aber Wurzelbereich schonen (!); zusammen mit *Rosa hugonis* pflanzen (!)	blau; April–Juni	ca. 50 cm, buschig
Sterndolde	humose, frische bis feuchte Böden; zusammen mit Rosen und Frauenmantel pflanzen; Boden feucht halten (!)	weiß, rosa; Juni–Juli	ca. 60 cm, horstartig buschig; Blatt handförmig gelappt
Waldglockenblume	humusreiche, feuchte Böden, an Standorten mit ausreichender Luftfeuchte; zusammen mit Fingerhut pflanzen (!)	dunkelviolett; Juni–Juli	ca. 1 m, straff aufrecht; Blatt unregelmäßig eirund
Wiesenraute	nährstoffreiche, feuchte, saure Böden;als Gehölzunterpflanzung einsetzen!	hellviolett, weiß; Mai–Juli	ca. 1,8 m/1 m horstartig, buschig; Blatt gelblich

3. Stauden für feuchte Standorte

Blutweiderich	nährstoffreiche, lehmige, feuchte Böden; an den Rand von Gewässern pflanzen (!)	violettrot, violettrosa; Juni–August	ca. 1 m, aufrecht; Blatt lanzettlich
Sibirische Wieseniris	feuchte Böden am Rand von Gewässern/Teichen mit guter Nährstoffversorgung	verschiedene Blautöne	ca. 1 m; Blatt schmallinealisch
Sumpfschwertlilie	feuchte oder nasse Böden, sonst anspruchslos; wegen Wüchsigkeit besonders in kleinen Teichen oder Becken, in Behältnisse pflanzen (!)	gelb; Juni	ca. 80 cm; Blatt breit schwertförmig

Anhang

Literaturverzeichnis

David Austin: Alte Rosen und Englische Rosen, Köln 1993.

Peter Beales u. a.: Rosen Enzyklopädie, Köln 1999.

Stelvio Coggiatti: Rosen, München 1988.

Thomas Drexel: Bäume und Sträucher im Jahreslauf, München 2000.

J. L. Harkness: Die schönsten Rosen der Welt, Zucht – Umgang – Pflege, Bern 1979.

Anny Jacob u. a.: Alte Rosen und Wildrosen, Stuttgart.

Claudia Kemptner: Traumhafte Rosengärten, Augsburg 1999.

Stefanie Körner und John Scarman: Rosen für die Sinne, München 2001.

Gerda Nissen: Alte Rosen, Heide 1984.

Verein Deutscher Rosenfreunde e. V. (Hg.): Rosenjahrbuch 2000, Baden-Baden 2001.

Verlagsgesellschaft „Grün ist Leben" Bund deutscher Baumschulen (Hg.): BdB-Handbuch, Teil I–VII, Rellingen 2003–2007.

Adressen und Bezugsquellen

David Austin Roses, Englische Rosen aus eigener Züchtung,
Bowling Green Lane, Albrighton
GB - Wolverhampton WV7 3HB
England
www.davidaustinroses.com

BdB (Bund deutscher Baumschulen) Verlagsgesellschaft „Grün ist Leben" mbH,
Tangstedter Chaussee 79,
25462 Pinneberg
Tel.: 04101-2 80 03
Fax.: 04101-84 08 21
www.gruen-ist-leben.de

Bioland Rosenschule Ruf
Rosen aus ökologischem Anbau und Produkte rund um die Rose
Zum Sauerbrunnen 35
D - 61231 Bad Nauheim-Steinfurth
Tel.: 06032-8 18 93
Fax: 06032-8 23 75
www.rosenschule.de

Country Garden
Christel Plasa, Möbel, Gartenausstattung und Accessoires rund um die Rose
Nagolder Str. 27
D - 72119 Ammerbuch
Tel.: 07073-23 72
Fax: 07073-72 26
www.country-garden.de

Klaus Heim Baumschulen – Staudengärtnerei – Garten- und Landschaftsbau
Rosen, Gehölze und Stauden für Freiland und Gefäßkultur, Ausführung von Pflanz- und Pflasterarbeiten
Kalterer Str. 10
D - 86165 Augsburg
Tel.: 0821-71 11 62
Fax: 0821-71 75 98

Hof Art
Einrichtung, Holzgartenmöbel, Terrakotta, Accessoires – Studioausstellung
Bahnhofstr. 16-18
D - 82269 Geltendorf
www.hofart.de

W. Kordes' Söhne
Rosen aller Art, Begleitpflanzen u. a.
Rosenstraße 54
D - 25365 Klein Offenseth-Sparrieshoop
Tel.: 04121-4 87 00
Fax: 04121-8 47 45
Kordes-Rosen@t-online.de
www.kordes-rosen.com

Münzenloher
Einrichtung – Gestaltung – Handwerk, Alte Pflanztröge, Becken u. a. Gartenausstattung
Furth 1
D - 84405 Dorfen
Tel.: 08081-5 71
Fax: 08081-18 40
www.muenzenloher.de

Rosen Jensen GmbH
Am Schlosspark 2b
D - 24960 Glücksburg
Tel.: 04631-6 01 00
Fax: 04631-20 80
info@rosen-jensen.de
www.rosen-jensen.de

Rosen-Tantau
Tornescher Weg 13
D - 25436 Uetersen
Tel.: 04122-70 84
Fax : 04122-70 87
tantau@rosen-tantau.com
www.rosen-tantau.com

Unopiu Deutschland
Neben Mobiliar und Einrichtungsbedarf auch Gartenausstattung
www.unopiu.de

Gesellschaft Deutscher Rosenfreunde e. V.
Informationen und Publikationen rund um die Rose
Geschäftsstelle
Waldseestraße 14
D - 76530 Baden-Baden
Tel.: 07221-3 13 02
Fax: 07221-3 83 37
www.rosenfreunde.de

Danksagung

Der herzliche Dank des Autors gilt all denjenigen Personen, die in welcher Weise auch immer zum Gelingen dieses Buches beigetragen haben. Hier sei an erster Stelle die Familie Kandler aus Augsburg genannt, die mir bereitwillig ihren wundervollen Rosengarten öffnete. Besonders unterstützt hat mich auch Claudia Kemptner mit ihrem fachlichen Rat und dem vorzüglichen Hinweis auf diesen Rosengarten. Die Rosenschule Ruf hat mir ebenfalls mit Ratschlägen und Informationen geholfen. In der Baumschule Heim durfte ich eine Reihe von Fotos machen, die sich in diesem Buch wiederfinden. Hanni Bartetzko vom Bund Deutscher Rosenfreunde danke ich für die freundliche Unterstützung mit Informationen. Svetlana Safronow hat meine Gestaltungsvorschläge in wundervolle Illustrationen umgesetzt. Wolfgang Funke und Hartmut Czauderna gilt mein Dank für die harmonische und professionelle Zusammenarbeit.

Register

(Rosensorten sind durch ‘ ’ gekennzeichnet)